ふろ熟

改訂版
風呂で覚える英熟語

大浜健治 著

JN046001

教学社

はしがき

　英熟語学習で重要なのは熟語を構成する各単語の意味を知り，記憶し，使えるようにすることです。大学入試対策に限れば，頻出度や出題形式も考慮したほうが有利になるでしょう。

　本書は，近年の大学入試の傾向を吟味したうえで，赤本から厳選した重要度の高い熟語や表現で構成されています。国公立大学や難関私立大学の受験にも十分対応できるものと確信しています。

　本書では，熟語を構成する各単語の意味から全体の意味をイメージ化して，記憶に残るように工夫しています。また，入試の空所補充問題でよく問われる前置詞・副詞を中心にそのほか基本動詞など関連する熟語をグループ化したものを1つのユニットとし，そのユニットをさらに，自分の力に合わせて無理なく記憶できるように，基礎・標準・発展の3レベルに分けています。このユニットやレベル分けによって最小の努力で最大の効果を狙っています。

　本書は「風呂で覚える」と銘打っていることからもおわかりのように，水をはじく特殊紙を使用しているので，バスタブに浸かっているときでも利用できます。まさにちょっとした細切れ時間も学習に利用できるというわけです。1日数回，同じ範囲を繰り返し暗記し，次の日には前日に学習した範囲を復習して新しい範囲を暗記するという方法で記憶を確かにしていくのが，最良の暗記学習法です。

　合格しようとする努力の積み重ねこそが，合格をもたらすのです。皆さんの健闘を祈ります。May your dream come true！

大浜　健治

もくじ

Part Ⅰ　前置詞・副詞で覚える

Part Ⅱ　動詞・準動詞で覚える

Part Ⅲ　名詞や形容詞などで覚える

Part Ⅳ　会話で使う表現など

本書の特長

 赤本から厳選した熟語 700

本書に掲載した熟語は，全国の主要大学の入試問題を網羅した「赤本」を徹底的に分析して厳選した熟語 700 です。「赤本」という宝庫から抽出したエキスとも言える熟語なのです。受験生に自信を持って贈れる英熟語集です。

 すべての熟語をイメージ化

あくまで想像ですが，英熟語はひょっとするとラテン語系の難しい単語に対応する表現を簡単な単語の組み合わせで表そうという努力・苦心の結果，生まれたものかもしれません。英熟語の学習は，英語が味わったかもしれない努力・苦心の跡をたどればよいのです。たとえば，put「置く」と off「離れたところへ」の 2 語を組み合わせ，各単語の本来の意味とは別の「先延ばしにする，延期する」という新たな意味の熟語 put off を生み出し，ラテン語起源の語 postpone「延期する」に対応させたと考えるとわかりやすくなります。つまり，熟語を構成する各語の意味から全体の意味をイメージ化すれば，何の手がかりもなく暗記するよりも記憶が定着しやすくなります。本書掲載の熟語はイメージ化できるように，熟語を構成する各語の意味を与えています。

 覚えやすさを重視した配列

勉強時間に制約がある受験生にとっては，自分の力や入試の問題形式に対応する学習が肝要です。そこで，本書では一つのユニットを基礎・標準・発展という 3 レベルに分けて，無理なく覚えていけるようにしています。なお，形が似ていて続けて一緒に覚えるとよい熟語など，一部配列が変則的に（標準レベルの中に発展レベルの熟語が混じっているなど）なっているところがあります。

本書の活用法

 イメージ化をしたうえで意味を見る

　本書掲載の熟語はイメージ化できるように，熟語を構成している各語の意味を与えています。たとえば carry out なら，頭の中で自分が「計画」という荷物を鞄につめて運び出す姿をイメージしたうえで「〜を実行する」という意味を読むと記憶が定着しやすくなります。

 自分の学力にあったレベルを中心に

　自分の学年や力に応じて，無理なく学習できるように，1ユニットを基礎・標準・発展の3レベルに分けています。高校1年生や英語が苦手な人は基礎レベルの熟語の意味だけを先に覚えるという学習プランが考えられます。英語が苦手だと700すべてを前から順番に覚える…と考えると気が遠くなるかもしれませんが，「基礎だけ」と決めてしまえば最後までカバーするのもそれほど苦にならないでしょう。もちろん，英語が得意ならば標準と発展レベルだけ覚えて，各熟語の参考 も目を通すというような学習もできます。

 お勧めの学習法

　細切れ時間を利用して，たとえば，1ユニット内の基礎レベル熟語だけを暗記する。これを1日数回繰り返す。翌日は，前日覚えた箇所を復習してから，新たなユニットを暗記する。このように積み重ね学習を続けていく方法をお勧めします。

凡例

❶, **❷**…	それぞれ第一義，第二義…を示します。
⊅	熟語を構成する各語からのイメージ化によって熟語の覚え方を示しています。
例文	見出しの熟語を用いた例文。**❶**, **❷**…は第一義，第二義…の例文に相当します。
参考	「一緒に覚えておくとよい熟語」「混同しがちな熟語」「似ているようで意味が違う熟語」などです。ただし，同一・直前・直後のページに掲載している熟語は掲載していない場合もあります。
doing	任意の動名詞または現在分詞
to *do*	任意の to 不定詞
do	任意の動詞の原形
one's	任意の所有格（my, your, his, her など）
oneself	任意の再帰代名詞（myself, yourself, himself, herself, itself, ourselves, yourselves, themselves）
〔 〕	直前の語と交換が可能なことを示します。
（ ）	英文内では省略が可能なことを示します。
⟷	反意表現を示します。

Part **I**

前置詞・副詞で覚える

🦆 〈1点〉の at

at work 仕事中で
> ↔ off work　仕事を休んで
> ❷ 仕事〈work〉に従事して〈at〉
> 参考 out of work　失業中で
> 　　　at (the) table　食事中で

at once ❶ただちに, すぐに　❷いっせいに
> ❷ 一回〈once〉で〈at〉
> 参考 all at once＝suddenly　突然

at rest ❶休息して, 眠って, 静止して　❷落ち着いて, 解決して
> ❷ 休息〈rest〉の状態で〈at〉

at first 初めは
> ❷ 最初〈first〉の時点で〈at〉
> 例文 At first it is difficult. 初めのうちは難しい(が, 後では易しくなる)。

at first sight ❶一目で　❷一見したところでは
> ❷ 最初に〈first〉見た〈sight〉時点で〈at〉
> 例文 ❶ He fell in love with her at first sight.　彼は彼女に一目惚れした。

at (the) sight of ～ ～を見て
> ❷ ～の〈of〉見える〈sight〉時点で〈at〉

at the mercy of ～ ～のなすがままになって
> ❷ ～の〈of〉慈悲〈mercy〉のままに〈at〉
> 例文 The ship is at the mercy of the waves.
> 　　　その船は波にもてあそばれている。

at a loss ❶困って, 途方に暮れて　❷損をして
> ❷ (猟犬が獲物のにおいを)失った〈loss〉時点で〈at〉
> 例文 ❶ He is at a loss what to do.
> 　　　彼はどうしてよいやら途方に暮れている。

at the risk of ～ ～の危険を冒して

> ➔ ～の〈of〉危険〈risk〉に際して〈at〉
>
> 参考 at the risk of *one's* life 命がけで

at the expense of ～

～を犠牲にして ＝at the cost of ～
> ➔ ～という〈of〉費用〈the expense〉をかけて〈at〉

at home (in ～) ❶(～に)精通して ❷くつろいで ＝at ease

> ➔ ～においては〈in〉家〈home〉にいる〈at〉ようだ

ill at ease 落ち着かずに

> ↔ at ease 気楽に，くつろいで
>
> ➔ 不十分に〈ill〉気楽な状態〈ease〉で〈at〉

at any rate とにかく

> ➔ いかなる〈any〉割合〈rate〉で〈at〉も
>
> 参考 at that〔this〕rate あの〔この〕ぶんでは
>   at the rate of ～ ～の割合〈速度〉で

at random 手当たり次第に

> ➔ 任意の〈random〉状態で〈at〉

at *one's* disposal ～の意のままに

> ➔ ～の〈one's〉自由な処分〈disposal〉で〈at〉
>
> 例文 I left all my property at his disposal.
>   私は財産をすべて彼の裁量に任せた。

at *one's* wit's〔wits'〕end 途方に暮れて

> ➔ ～の〈one's〉知恵の〈wit's〉なくなる〈end〉時点で〈at〉

at stake 危険にさらされて

● 火刑柱〈stake〉にあって〈at〉

▼動詞とともに

be good at ～ ～がうまい，得意だ

↔ be poor at ～＝be bad at ～　～が下手だ

● ～の点で〈at〉有能だ〈be good〉

be angry at ～ ～(人・事物)に怒る

● ～を標的にして〈at〉怒る〈be angry〉

例文 Don't be angry with me, at what I have done.
私のしたことで私に腹を立てないでくれ。

＊前置詞は，怒りの対象が人ならば with，事物ならば about でも可。

be surprised at ～ ～に驚く

● ～が原因で〈at〉驚かされる〈be surprised〉

laugh at ～

❶～(人)をあざ笑う　❷～(困難・危険・おどしなど)を無視する

● ～を標的にして〈at〉笑う〈laugh〉

参考 play a joke on ～　～をからかう

feel at home くつろいだ気分になる

● 家〈home〉にいる〈at〉ような感じがする〈feel〉

feel at ease 安心している

● くつろぎ〈ease〉の状態にある〈at〉のを感じる〈feel〉

drive at ～ ❶～を意図する　❷～を言おうとする

● ～に向かって〈at〉運転する〈drive〉

＊通例進行形で用いる。

例文 ❷ What are you driving at ? 君は何が言いたいのか。

前置詞・副詞で覚える

🦆 〈上に〉〈すっかり〉の up

基礎
come up ❶(問題などが)生じる ❷芽を出す

❷ 表面上に〈up〉現れてくる〈come〉

例文 ❶ I'll let you know if anything comes up.
何かあったら知らせます。

come up to ~ ❶~にまで達する ❷~(期待など)にそう

❷ ~にまで〈to〉上がって〈up〉来る〈come〉

例文 ❶ The water came up to the top of the bath.
水は湯ぶねの最上部まで達した。

❷ Your work comes up to what I expect of you.
あなたの作品は私の期待通りだ。

stay up (寝ないで)起きている ＝sit up

❷ 起きた状態〈up〉のままでいる〈stay〉

参考 stay up for ~＝sit up for ~ ~を待って起きている

set up ~ ❶~を立てる, 設立する ❷~を引き起こす

❷ ~を立った状態に〈up〉セットする〈set〉

例文 ❶ They set up a school. 彼らは学校を設立した。

hang up 電話を切る

↔ hang on＝hold on 電話を切らずにおく

❷ 電話機の上に電話が切れた状態に〈up〉受話器をかける〈hang〉

break up ~ ❶~を困らせる ❷~をばらばらにする

❷ ~を完全に〈up〉壊す〈break〉

例文 ❶ The loss of fortune will break up the old man.
財産を失ったらその老人は悲嘆にくれるだろう。

❷ I broke up the candy. 私はキャンディを小さく割った。

make up ~ ❶~を構成する ❷~を補う ❸~をでっちあげる

❷ 完全に〈up〉作る〈make〉

参考 be made up of ~ ~から成り立っている
make it up with ~ ~と仲直りする

pick up ~ ❶~を拾い上げる, 車に乗せる
　　　　　　❷~(知識・外国語など)を身につける

❷ ~をつまんで取り〈pick〉上げる〈up〉

参考 drop ~(off) ~(人・荷物)を乗り物から途中で降ろす

🦆

give up ~　❶~(悪習など)をやめる，捨てる
　❷~を手放す，~(場所・権限など)を引き渡す
　➋ ~を完全に〈up〉差し出す〈give〉

grow up 大人になる
　➋ すっかり〈up〉成長する〈grow〉
　[参考] grown-up 成人(した)
　* bring up ~ (~を育てる)と区別しておくこと。

back up ~　~を援助する，支持する　=support
　➋ 倒れようとする人の背中〈back〉を上に〈up〉押し上げる

ring up ~　~に電話をかける　=call up ~
　➋ 電話に近寄って〈up〉くるようベルをならす〈ring〉
　[参考] ring off 電話を切る

put up ~　~を建てる　=build, construct, erect
　➋ 上方に〈up〉~を置く〈put〉

put up at ~　~(場所)に泊まる　=stay at ~
　➋ ~で〈at〉休止の状態に〈up〉置く〈put〉
　*人のところに泊まるというときは at の代わりに with を使う。

clear up ~　❶~を解決する　=solve　❷~を片づける
　➋ ~をすっかり〈up〉明らかにする〈clear〉
　[参考] clear up (天候が)晴れあがる

brush up ~　やり直して~にみがきをかける
　➋ ~をブラシでみがき〈brush〉あげる〈up〉
　[参考] rub up ~ ~を復習する

bring up ~　~を育てる　=raise, rear, breed, foster
　❷ ~を上の方へ〈up〉もってくる〈bring〉
　例文 He was brought up in the United States.　彼はアメリカで育った。

---

look up（~）　❶~を調べる　=search for ~
　　　　　　　　　❷見上げる，顔を上げる
　　　　　　　　　❸上向く，好転する　=improve, get better
　❷ ~にすっかり〈up〉目を通す〈look〉
　例文 ❶ Look up new words in your dictionary. 新出語を辞書で調べなさい。

---

look up to ~　~を尊敬する　=respect
　↔ look down on〔upon〕~　~を軽蔑する
　❷ 上方〈up〉の~に〈to〉目を向ける〈look〉

---

live up to ~　~にそう，こたえる，~に恥じない行動をする
　=satisfy, answer, come up to ~
　↔ fall short of ~　~に達しない，~にそわない
　❷ ~の方に向かって〈to〉すっかり〈up〉生きる〈live〉

---

up to date　最新の　　↔ out of date　すたれた，時代遅れの
　❷ 今日の日付〈date〉にまで〈to〉近づいて〈up〉
　例文 His information is always up to date.
　　彼の情報はいつも最新のものだ。

---

be up to ~　❶~の責任だ　❷~をたくらんでいる
　　　　　　　❸~に匹敵する
　❷ ~の所に〈to〉向かって〈up〉いる〈be〉
　参考 up to ~　~まで

---

keep up ~　❶~を維持する，落とさないようにする
　　　　　　　❷~（行為・習慣など）を続ける
　❷ ~を高く〈up〉保つ〈keep〉
　例文 ❶ Keep up your courage.　（最後まで）元気を出せ。

---

take up ~　❶~を占める　=occupy　❷~を始める
　　　　　　　❸~を取り上げる
　❷ ~を取り〈take〉上げる〈up〉

---

pull up (自動車が)止まる

➋ すっかり〈up〉ブレーキを引く〈pull〉

参考 pull into ~ ~に自動車を寄せる, (列車が)~に到着する

▼ with とともに

keep up with ~ ~に(遅れないで)ついていく

➋ ~と一緒にいる状態〈with〉を完全に〈up〉保つ〈keep〉

例文 I can't keep up with the times. 私は時流についていけない。

come up with ~
❶ ~を思いつく =think of ~
❷ ~(案)を出す =propose
❸ ~に追いつく =catch up with ~

➋ ~をもって〈with〉上がって〈up〉来る〈come〉

例文 ❶ He came up with a good idea. 彼はよい考えを思いついた。

catch up with ~

~に追いつく =overtake, come up with ~

➋ ~に関して〈with〉完全に〈up〉つかまえる〈catch〉

put up with ~ ~に耐える =endure, bear, stand

➋ ~を相手に〈with〉(自分を)しっかりと〈up〉置く〈put〉

end up with ~ ~で終わる

➋ ~でもって〈with〉完全に〈up〉終わる〈end〉

例文 The party ended up with dancing. パーティはダンスで終わった。

参考 end up (by) doing 最後には~することになる

be fed up with ~ ~にうんざりする =be tired of ~

➋ ~で〈with〉おなかいっぱい〈up〉になるまで食べさせられる〈be fed〉

🦆〈下へ〉〈離れて〉の down

基礎

upside down さかさまに
● 上側〈upside〉が下に〈down〉
参考 inside out 裏返しに

cut down ～ ❶～を減らす ❷～を切り倒す
● ～を切って〈cut〉減じる〈down〉
例文 ❶ We have to cut down expenses.
私たちは経費を切りつめねばならない。

標準

settle down 落ち着く、定住する
● 下に〈down〉腰をおろす〈settle〉

break down ❶こわれる =get out of order
❷(交渉・計画などが)失敗する
❸(気力・健康などが)衰える
● こわれて〈break〉下に〈down〉
例文 ❷ All the plans broke down. 計画はすべて失敗に帰した。

pull down ～ ❶～(価格など)を引き下げる
❷(病気などが)～(人)を弱らせる
● ～を下に〈down〉引く〈pull〉
例文 ❶ The bankruptcy pulled down his pride. 破産で高慢の鼻が折れた。
❷ Influenza pulls us down so. 流感は私たちをひどくまいらせる。

発展

get down ～ ❶～をがっかりさせる =depress
❷～を書きとめる
● ～を下に〈down〉降ろす〈get〉
例文 ❶ Don't let the exam get you down. 試験なんかに負けてはだめ。
参考 get down to ～ ～に本気で取り組む

基礎

▼他の前置詞とともに

look down on ～
～を軽蔑する =despise   ↔ look up to ～ ～を尊敬する
● 下の方〈down〉の～の上に〈on〉目をやる〈look〉

発展

come down with ～ ～の病気にかかる
● 降りて〈down〉来て〈come〉～を持つ〈with〉
例文 I came down with influenza this year. 今年は流感にやられた。

🦆 〈目的〉〈理由〉〈期間〉の for

for the first time 初めて
❯ 最初の〈first〉時〈time〉として〈for〉
参考 at first 初めは

for a while しばらく
❯ 一時〈a while〉の間〈for〉
参考 after a while しばらくして　　all the while その間じゅう

for sure 確かに，[否定文で]確かには =for certain
❯ 確かな〈sure〉こととして〈for〉

for example 例えば =for instance
❯ 例〈example〉としては〈for〉

for the sake of ～ ～の(利益の)ために
❯ ～の〈of〉利益〈the sake〉のために〈for〉
例文 Society exists for the sake of the individual.
　　社会は個人のために存在する。

for fear of ～ ～を恐れて，～しないように
❯ ～という〈of〉恐怖〈fear〉のために〈for〉
例文 I didn't visit you for fear of disturbing you.
　　おじゃまになるといけないので訪ねなかったのです。
参考 in case of ～ ～の場合には

for the benefit of ～ ～の(利益の)ために
❯ ～の〈of〉利益〈benefit〉を求めて〈for〉
例文 The money will be used for the benefit of the poor.
　　そのお金は貧しい人々のために使われるだろう。

for lack of ～
　　～がないために =from lack of ～, through lack of ～
❯ ～の〈of〉欠如〈lack〉のために〈for〉

for *one's* part

自分としては，自分に関する限り　=as far as *one* is concerned
❸ 自分の〈one's〉役目・関与〈part〉として〈for〉は

for the time (being)

当分の間，さしあたり　=for the present
❸ 現在の〈being〉時〈the time〉の間〈for〉

for want of ～　～の不足のため　=for lack of ～

❸ ～の〈of〉欠乏〈want〉のため〈for〉
[参考] in want of ～　～を必要として

▼ be 動詞＋形容詞などとともに

be late for ～　～に遅れる　↔ be in time for ～　～に間に合う

❸ 想定された目標に対して〈for〉遅れる〈be late〉

be ready for ～　～の準備ができている

❸ ～に備えて〈for〉準備ができている〈be ready〉
[例文] I am ready for school.　私は学校へ行く準備ができている。
[参考] be ready to *do*　進んで～する

be noted for ～　～で有名である　=be famous for ～

❸ ～の理由で〈for〉注目される〈be noted〉

be famous for ～　～で有名である　=be known for ～

❸ ～のために〈for〉有名だ〈be famous〉
[参考] be infamous for ～ =be notorious for ～　～で悪名が高い

be good for ～　❶～によい　❷～の間有効である

❸ ～のために〈for〉よい〈be good〉
[例文] ❶ Moderate exercise is good for the health.
　　適度な運動は健康によい。
　　❷ The ticket is good for one month.　その切符は1カ月間有効だ。

基礎 be bound for ～ ～行きである

○ ～の方に向かって〈for〉行こうとしている〈be bound〉

例文 This train is bound for Tokyo. この電車は東京行きです。

参考 be bound to *do*
きっと～する，～する決心をしている，～する義務がある

標準 be to blame for ～

～の責任がある ＝be responsible for ～

○ 責め〈blame〉られるべきだ〈be to〉

例文 You are to blame for the accident. その事故はあなたのせいだ。

発展 be cut out for ～

～に適任である，～に向いている ＝have talent for ～

○ ～のために〈for〉切り取られ〈out〉ている〈be〉

例文 It's the sort of job that I'm cut out for.
それは私にうってつけの仕事だ。

▼ be 動詞以外の動詞とともに

基礎 wait for ～ ～を待つ

○ ～を得るために〈for〉待つ〈wait〉

参考 wait on ～ ～に仕える

look for ～ ～をさがす

○ ～を得るために〈for〉目を向ける〈look〉

ask for ～ ❶～を求める
❷～(の消息など)を尋ねる ＝ask after ～

○ ～を得るために〈for〉頼む〈ask〉

例文 ❶ He asked for a cigarette. 彼はたばこを一本くれとせがんだ。

search for ～ ～をさがす

○ ～を得るために〈for〉さがす〈search〉

send for ～ ～を呼びに行かせる

○ ～を得るために〈for〉人を行かせる〈send〉

例文 Send for the doctor. 医者を呼びにやりなさい。

参考 call for ～ ～を自分で呼びに行く

前置詞・副詞で覚える

care for ～

❶～の世話をする　=look after ～
❷[否定文・疑問文・条件文で]～を好む，望む
➲ ～のために〈for〉気遣う〈care〉
例文 **❷** Would you care for another cup of coffee ?
　　　コーヒーをもう一杯いかがですか。

prepare for ～　～の準備をする

➲ ～のために〈for〉準備する〈prepare〉
参考 be prepared for ～　～に対して心構えができている

leave for ～　～に向かって出発する

➲ ～の方に向けて〈for〉出発する〈leave〉

long for ～　～を切望する

➲ ～を求めて〈for〉思いこがれる〈long〉
参考 hope for ～　～(物事)を望む
　　　long to *do*　～することを熱望する

call for ～

❶～を要求する　=demand, require
❷～を連れに立ち寄る，～を迎えに行く
➲ ～を求めて〈for〉呼びかける〈call〉

reach for ～　～をつかもうとして手をのばす

➲ ～を求めて〈for〉手が届く〈reach〉

account for ～

❶～を説明する　=explain
❷～を占める　=occupy
❸～の原因となる　=cause
➲ ～のために〈for〉説明する〈account〉

compensate for ～

～(損失など)の埋め合わせをする　=make up for ～
➲ ～に対して〈for〉埋め合わせをする〈compensate〉
例文 Money cannot compensate for life.　金は命の償いにはならない。

stand for ~

❶ ~を表す　＝represent　*受動態にはならない。
❷ ~を支持する　＝support, advocate

→ ~の代わりに〈for〉立つ〈stand〉

参考 stand up for ~　~を擁護する

---

apply for ~　~を志願する，申請する

→ ~を求めて〈for〉申し込む〈apply〉

例文 Five men applied for the position.　その職に5人の男性が志願した。

参考 apply to ~　~にあてはまる

---

wait up for ~　~を寝ないで待つ　＝sit up for ~

→ ~を求めて〈for〉起きて〈up〉待つ〈wait〉

例文 Don't wait up for me tonight.　今夜は先に寝てください。

---

pay for ~

❶ ~の代金を支払う
❷ ~を償う　＝compensate for ~

→ ~に対して〈for〉代金を支払う〈pay〉

参考 pay off (~)　(~を)完済する，ひき合う

---

look out for ~

❶ ~に注意する　＝watch out for ~
❷ ~を世話する　＝look after ~

→ ~のために〈for〉外に〈out〉目を向ける〈look〉

---

count for ~　~の価値がある

→ ~を求めて〈for〉勘定に入れる〈count〉

例文 Knowledge without common sense counts for nothing.
　常識が伴わない知識はまったく価値がない。

---

answer for ~　~の責任を負う　＝be responsible for ~

→ ~のために〈for〉答える〈answer〉

参考 answer to ~　~と一致する，~に対して責任を負う
　answer back (to) ~　~に口答えする

---

pass for ~　~でとおっている　＝be known as ~

→ ~として〈for〉通る〈pass〉

参考 pass by ~　~のそばを通りすぎる，~を見逃す
　pass over ~　~を見逃す，~を無視する

🦆 〈部分〉〈関連〉〈分離〉の of

基礎

think of ～ ～(案など)を思いつく，思い出す

➡ ～について〈of〉考える〈think〉
[参考] think of A as B A を B と考える
think about ～ ～について(積極的に詳しく)考える

die of ～ ～(病気などの内的原因)で死ぬ

➡ ～の原因から〈of〉死ぬ〈die〉
[例文] My father died of cancer. 私の父はガンで死んだ。
[参考] die from ～ ～(けが・過労などの間接的外因)で死ぬ

catch sight of ～ ❶～を見つける　❷～を見かける

➡ ～の〈of〉光景〈sight〉をつかまえる〈catch〉
[参考] lose sight of ～ ～を見失う

get rid of ～ ❶～を取り除く　❷～から抜け出す

➡ ～から〈of〉取り除かれる〈get rid〉
[例文] ❷ I can't get rid of my cold. かぜが治らない。

speak ill of ～ ～のことを悪く言う，けなす　=criticize

➡ ～について〈of〉悪く〈ill〉話す〈speak〉
↔ speak well of ～ =praise ～のことをよく言う，ほめる

run short of ～ ～が足りなくなる

➡ ～に関して〈of〉不足した状態〈short〉になる〈run〉
[例文] They have run short of money.=Their money has run short.
彼らはお金が足りなくなってしまった。
[参考] run short (物が)不足する　run out of ～ ～がなくなる

標準

ask a favor of ～ ～にお願いする

➡ ～から〈of〉好意〈a favor〉を求める〈ask〉
[例文] May I ask a favor of you?=Will you do me a favor?
お願いがあるのですが。

approve of ～ ～に賛成する　=agree to ～

➡ ～について〈of〉是認する〈approve〉
[例文] His father doesn't approve of his marrying Anne.
彼の父親は彼がアンと結婚するのを認めない。

complain of ～ ～の文句を言う　=complain about ～

　❷ ～について〈of〉不満を言う〈complain〉
　例文 She is always complaining of the food.
　　　彼女はいつも食べ物の文句を言っている。

consist of ～ ～から成り立っている　=be made up of ～

　❷ ～から〈of〉成る〈consist〉
　例文 A baseball team consists of nine players.
　　　野球の1チームは9人の選手から成る。
　参考 consist in ～　（本来）～に在る　　consist with ～　～と一致する

fall short of ～ ～には不十分である，～に達しない

　❷ 目標から〈of〉不足して〈short〉落ちる〈fall〉
　例文 His jump fell two inches short of the world record.
　　　彼のジャンプは世界記録に2インチおよばなかった。

let go (of) ～ ～(握っているもの)を放す

　❷ ～から〈of〉行か〈go〉せる〈let〉
　例文 He did not let go (of) my sleeve.
　　　彼は私のそでをつかんで放さなかった。
　参考 let *oneself* go　羽目をはずす

▼ be 動詞＋形容詞とともに

be afraid of ～ ～を恐れる

　❷ ～に関して〈of〉恐れる〈be afraid〉
　参考 be afraid to *do*　怖くて～できない

be fond of ～ ～が好きである

　❷ ～に関して〈of〉好きだ〈be fond〉

be aware of ～ ～に気づいている

　❷ ～に関して〈of〉気づいている〈be aware〉

be sure of ～ ～を確信している

　❷ ～に関して〈of〉確信している〈be sure〉
　例文 I am sure of her success.　彼女はきっと成功する。
　　　＝She is sure to succeed.
　　　＝I am sure (that) she will succeed.

be tired of ～ ～にあきている

❷ ～に関して〈of〉あきあきさせられている〈be tired〉
例文 I am tired of reading.　私は読書にあきている。
参考 be tired from〔with〕～　～で疲れている

be true of ～ ～にあてはまる ＝be the case with ～

❷ ～に関しては〈of〉真実だ〈be true〉
例文 The same is true of Japan.　同じことは日本にもあてはまる。
参考 be true to ～　～に忠実だ

be ashamed of ～ ～を恥じている

❷ ～に関して〈of〉恥じている〈be ashamed〉
参考 be ashamed to do　～するのが恥ずかしい，恥ずかしくて～できない

be independent of ～
～から独立している，～に頼らない

❷ ～から〈of〉独立している〈be independent〉
例文 He is economically independent of his parents.
　彼は経済的に親に頼ってはいない。
↔ be dependent on ～　～に頼っている，～次第である
＊前置詞が異なることに注意。

be ignorant of ～ ～を知らない ＝do not know ～

❷ ～については〈of〉無知である〈be ignorant〉

be slow of ～ ～が遅い，悪い

❷ ～に関して〈of〉遅い〈be slow〉
例文 He is slow of understanding.＝He is slow to understand.
　彼はのみこみが悪い。

be possessed of ～ ～を所有している

❷ ～に対して〈of〉もたされている〈be possessed〉
例文 He is possessed of great ability.　彼にはたいへんな才能がある。
参考 be possessed by〔with〕～　～にとりつかれている

instead of ～ ～の代わりに ＝in place of ～

❷ ～の〈of〉代わりとして〈instead〉
参考 in spite of ～＝despite ～　～にもかかわらず

🦆〈接触〉〈根拠〉の on

基礎

be based on ～ ～に基づいている
❷ ～の上に〈on〉基礎が置かれている〈be based〉

be keen on ～ ～に熱中している
❷ ～の上に〈on〉熱心な思いをよせている〈be keen〉

call on ～ ～(人)をちょっと訪れる
❷ 呼んで〈call〉～と接触する〈on〉
参考 call at ～ ～(場所)を訪ねる

rely on ～ ～を頼りにする，得意だ
❷ ～に乗っかかって〈on〉頼る〈rely〉
例文 You may rely on my coming in time.
私が遅れずに来ることをあてにしていいよ。

hold on ❶電話を切らないでおく
　　　　　　=hang on ⟷ hang up　電話を切る
　　　　　❷もちこたえる　=maintain
　　　　　❸(雨・習慣などが)続く　=continue
❷ 通話中の状態で〈on〉電話機を持つ〈hold〉

hold on to ～ ～を放さない，～にしがみつく
❷ ～に対して〈to〉ずっと〈on〉つかんでいる〈hold〉
例文 The child held on to my coat.
その子供は私のコートにすがりついて離れなかった。

標準

insist on ～ ～を主張する，言い張る
❷ ～について〈on〉主張する〈insist〉
例文 He insisted on my going there.　彼は私にそこへ行けと言い張った。

live on ～ ❶～を食べて生きる
　　　　　　❷～で食べていく，～をよりどころに生きる
❷ ～に基づいて〈on〉生きる〈live〉
例文 ❷ He lives on his salary.　彼は自分の給料で生活している。

decide on ～　～に決める

⊃ ～に関して〈on〉決定する〈decide〉

例文 Have you decided on going？　あなたは行くことに決めたのですか。

wait on ～　～の世話をする，～に応対する　=serve

⊃ ～の身近で〈on〉用事を待っている〈wait〉

come on ～　～をふと見かける

⊃ ～に近接した所に〈on〉来る〈come〉

hit on ～　～を思いつく　=find ～ by chance，come up with ～

⊃ ～の上に〈on〉行きあたる〈hit〉

参考 occur to ～　～の心に浮かぶ　= come into *one's* mind

rest on ～　～に頼る　=depend on ～

⊃ ～の上で〈on〉休む〈rest〉

count on ～　～に頼る，～を当てにする　=rely on ～

⊃ ～に基づいて〈on〉数に入れる〈count〉

例文 I count on all of you helping〔to help〕me.
　あなた方全員が私に力をそえてくれると期待している。

reflect on ～　～を熟考する

⊃ ～について〈on〉よく考える〈reflect〉

dwell on ～　～をくよくよ考える

⊃ ～にかかわって〈on〉ぐずぐずする〈dwell〉

fall on ～ ❶～に責任がかかる ❷～に出会う，当たる

➡ ～の上に〈on〉落ちる〈fall〉

例文 ❶ It fell on me to support my parents. 両親を養う羽目になった。
❷ Christmas falls on Sunday this year. 今年のクリスマスは日曜日だ。

---

depend on ～

～に頼る，～次第である ＝count on ～, be up to ～

➡ ～の上で〈upon〉頼る〈depend〉

例文 Depend on it, you'll succeed. 大丈夫，合格しますよ。

---

carry on (with) ～ ～を続ける ＝keep on ～, continue

➡ ～に関して〈with〉どんどん〈on〉運ぶ〈carry〉

try on ～ ～を試着する

➡ 試しに〈try〉～を身につける〈on〉

参考 try out ～ ～を試用する
try for ～ ～を得ようとする

---

work on ～ ❶～に取り組む ❷～に影響を与える ＝influence

➡ ～に接触して〈on〉働く〈work〉

参考 work at ～ ～を勉強する，～に取り組む

---

fall back on ～ ～に頼る

➡ 後方〈back〉～の上に〈on〉落ちて倒れ〈fall〉こむ

参考 fall back 退却する（retreat）

---

look back on ～ ～を振り返る ＝reflect on ～

➡ 後方〈back〉～の上に〈on〉目をやる〈look〉

---

catch on (to ～)

❶～を理解する ＝make out ～, understand ❷人気を得る

➡ ～に〈to〉くっついて〈on〉つかまえる〈catch〉

例文 ❷ The song caught on. その歌は人気を博した。

dawn on ～ ～(人)にわかり始める

❷ ～の上に〈on〉夜が明ける〈dawn〉

[例文] The meaning at last dawned on me.　やっと意味がわかってきた。

---

tell on ～ ❶～に(悪く)影響する　❷～のことを告げ口する

❷ ～に接して〈on〉告げる〈tell〉

[例文] ❶ Lack of sleep will tell on your health.　睡眠不足は体にひびくよ。

---

put on ～ ❶～を身につける　❷～を装う　=assume
❸～(目方など)を増す　❹～をからかう

❷ ～の上に〈on〉置く〈put〉

[参考] put on airs　気取る

---

hang on ❶がんばる　❷電話を切らずにおく

❷ 接触して〈on〉ぶら下がる〈hang〉

[参考] hang on ～　～にしがみつく，～次第だ

▼動詞＋名詞とともに

play a trick on ～ ～にいたずらする

❷ ～の上に〈on〉いたずら〈trick〉をしかける〈play〉

[参考] play a practical joke on ～　～に悪ふざけをする

---

lay emphasis on ～ ～を強調する

❷ ～の上に〈on〉強調〈emphasis〉を横たえる〈lay〉

＊lay の代わりに place や put を用いることもできる。

▼ on＋名詞のかたちで

on a large scale 大規模に

❷ 大きな〈large〉物差し〈scale〉に基づいて〈on〉

on purpose わざと　=by intention, intentionally

❷ 意図〈purpose〉に基づいて〈on〉

↔ by accident, by chance　偶然

on the whole

概して　=as a rule, in general, by and large, generally
　❷ 全体〈the whole〉に基づいて〈on〉
　参考 as a whole　全体として

---

on *one's* part　～の側では　=on the part of ～

　❷ ～の〈one's〉側〈part〉では〈on〉

---

on the contrary

これに反して，それどころか　=in contrast
　❷ 正反対〈the contrary〉の側で〈on〉
　参考 to the contrary　それと反対の

---

on *one's* own　❶独力で　=for *oneself*　❷一人で　=alone

　❷ 自分のもの〈one's own〉に基づいて〈on〉
　参考 of one's own *doing*　自分自身が～した

---

on second thought(s)　考え直してみると

　❷ 二度目の〈second〉考え〈thoughts〉に基づいて〈on〉
　参考 have second thoughts　決心がつかない　　at a thought　ただちに

---

on the go

常に活動して　=on the hop, on the move, up and doing
　❷ 元気〈the go〉な状態で〈on〉
　参考 make a go of ～　～に成功する

---

on account of ～

▼ on＋名詞＋of～のかたちで

～の理由で，～のために　=because of ～
　❷ ～についての〈of〉考慮〈account〉に基づいて〈on〉
　例文 He could not attend the meeting on account of his illness.
　　彼は病気のため会に出席できなかった。

---

on〔in〕behalf of ～

　❶～を代表して　=as the representative of ～
　❷～の利益のために　=in the interest of ～
　❷ ～の〈of〉利益〈behalf〉に基づいて〈on〉
　参考 in honor of ～　～を記念して，～に敬意を表して

🦆〈離脱〉の off

take off (〜)
❶離陸する　❷〜を脱ぐ　❸〜を値引く　❹急にはやる
➲ 取って〈take〉地面から離す〈off〉

be well off　裕福である
➲ よい方に〈well〉標準から離れて〈off〉いる〈be〉

keep off 〜　❶〜に立ち入らない　❷〜を近づけない
➲ 〜から離れた状態〈off〉を保つ〈keep〉
例文 ❶ Keep off the grass.　芝生へは立入禁止。

call off 〜　〜を中止する　=cancel
➲ 呼んで〈call〉〜から去らせる〈off〉
例文 She called off her engagement.　彼女は婚約を取り消した。

put off 〜　〜を延期する　=postpone
➲ 予定より離れた所に〈off〉〜を置く〈put〉
例文 Never put off till tomorrow what you can do today.
　　今日できることを決して明日に延ばすな。

set off (〜)　❶出発する　=set out, set forth
　　　　　　　　❷〜を引き立たせる
➲ 元の位置から離れた所に〈off〉身を置く〈set〉
例文 ❷ Her dress set off her beauty.
　　彼女のドレスは彼女の美しさを引き立てた。

see 〜 off　〜を見送る
➲ 人が離れて〈off〉いくのを見る〈see〉
↔ meet　〜を出迎える

show off 〜　❶〜を見せびらかす　=display
　　　　　　　　❷〜を引き立たせる
➲ 離れたところで〈off〉〜を見せる〈show〉

round off ～　～をおしまいにする　=wind up ～
➡ ～の角をとって〈off〉丸くする〈round〉

---

be badly off　暮らし向きが悪い　=be ill off, be poorly off
➡ 悪い方へ〈badly〉標準から離れて〈off〉いる〈be〉
参考 be better off　暮らし向きがより よい
　　 be worse off　暮らし向きがより悪い

---

lay off ～　～を一時解雇する　=dismiss ～ temporarily
➡ 仕事から～を離して〈off〉置く〈lay〉

---

pull off ～
❶ ～(困難なこと)を首尾よくやりとげる　=accomplish
❷ ～(試合)に勝つ　=win
➡ 困難なことを引き〈pull〉離す〈off〉

---

tell off ～　～をしかりつける
➡ ～から降りるよう〈off〉命ずる〈tell〉

---

come off (～)　❶(ボタンなどが)取れる　❷(結果が)～となる
　　　　　　　　 ❸～から離れる
➡ 離れた〈off〉状態になる〈come〉

---

top off ～　～を終える, 締めくくる, 仕上げる　=complete
➡ ～の頂点〈top〉に達して離す〈off〉
例文 We topped off a dinner with coffee.
　　 コーヒーを飲んでディナーを締めくくった。

🦆 〈内部〉〈状態〉の in

基礎

in haste 急いで =in a hurry

> ● 急ぐ〈haste〉状態で〈in〉
>
> 参考 make haste 急ぐ

in order ❶順調で ❷整然と

> ● 正常な状態〈order〉の中に〈in〉
>
> 例文 ❶ The engine is in order. エンジンは調子がよい。
>
> 参考 out of order 調子が悪くて，故障して

in a sense ある意味では =in a way

> ● ある〈a〉意味〈sense〉において〈in〉

in general ❶一般に ❷[名詞の後で]一般の～，～一般

> ● 一般〈general〉において〈in〉
>
> 例文 ❷ I am speaking of students in general.
>   私は学生一般のことについて言っているのだ。

標準

in trouble 困って

> ● 面倒〈trouble〉の中に〈in〉
>
> 参考 in trouble with ～ ～ともめている
>   the trouble is that ～ 困ったことには～だ

in fashion 流行して

> ↔ out of fashion すたれて
>
> ● 流行〈fashion〉の中に〈in〉
>
> 参考 in one's fashion 自分のやり方で

in a good humor 上機嫌で

> ● よい〈good〉気分〈humor〉の中に〈in〉
>
> ↔ in a bad humor=out of humor 不機嫌で

in a word 一言で言えば =in short

> ● 一言〈a word〉で〈in〉言うと

in progress 進行中で =under way
❷ 進行〈progress〉の中に〈in〉
例文 The inquiry is now in progress.　その調査は現在進行中です。

in need 困窮して，困って
❷ 必要なとき〈need〉の中に〈in〉
例文 A friend in need is a friend indeed.　困ったときの友こそ真の友。
参考 in need of ～　～を必要として

in short 要するに =in brief, in a word, to sum up
❷ 短い〈short〉表現で〈in〉

in detail 詳細に =at length
❷ 細部〈detail〉において〈in〉
参考 go into details　詳しく述べる

in vain 無駄に =to no purpose, uselessly
❷ 無益〈vain〉の中に〈in〉
例文 I waited in vain for him.　彼を待ったが，無駄であった。
　　=I waited for him, but in vain.

in advance 前もって =beforehand
❷ 進行〈advance〉において〈in〉
参考 in advance of ～　～に先だって

in the long run
結局は，長い目で見れば　=after all, in the end, eventually
❷ 長い距離を〈long〉走って〈run〉いるうちに〈in〉
例文 Honesty pays in the long run.　正直であれば結局は報われる。

in person （代理でなく）自分で
❷ その人物〈person〉において〈in〉
↔ by attorney　代理人をもって

基礎

in the presence of ～
～のいる所で，～がある所で
❷ ～の〈of〉存在〈the presence〉において〈in〉

標準

in the absence of ～　～がいないときに
❷ ～の〈of〉不在〈absence〉中に〈in〉
参考 after three years' absence　3年ぶりに

in honor of ～　～に敬意を表して
❷ ～の〈of〉名誉〈honor〉において〈in〉
例文 We gave a farewell party in honor of our professor.
私たちは教授のために送別会を開いた。

in the course of ～　～の間に　=during ～
❷ ～の〈of〉経過〈the course〉において〈in〉

in terms of ～
❶～の点から（見ると）　=from the standpoint of ～
❷～によって　=by means of ～　　**❸**～の言葉で
❷ ～の〈of〉言葉〈terms〉で〈in〉

in spite of ～
～にもかかわらず　=for all ～, with all ～, despite ～
❷ ～の〈of〉意地悪〈spite〉の中に〈in〉あっても
参考 in spite of *oneself*　思わず

in favor of ～
～に賛成して　=on the side of ～, in sympathy with ～
❷ ～を〈of〉賛成する状況〈favor〉の中にあって〈in〉
↔ in opposition to ～, against ～　～に反対して

in view of ～　**❶**～を考慮して　**❷**～の見える所に
❷ ～を〈of〉考察する状況〈view〉の中で〈in〉
参考 take a dim view of ～　～を悲観的に見る，～に賛成しない

33

in case ～ ❶～するといけないから ❷もし～した場合には

❷ ～する場合〈case〉においては〈in〉

例文 ❶ Take a map in case you get lost.
道に迷うといけないから地図を持っていきなさい。

＊…in case you <u>don't</u> get lost. としないように。

参考 in case of ～ ～の場合には

in return (for ～) (～の)お返しに

❷ ～に対する〈for〉返礼〈return〉において〈in〉

参考 by return 折り返し

---

in addition to ～ ～に加えて ＝as well as ～

❷ ～への〈to〉付加〈addition〉において〈in〉

参考 in addition さらに

---

in the face of ～ ❶～に直面して ❷～にもかかわらず

❷ ～の〈of〉正面〈the face〉に〈in〉

例文 ❶ We must be calm in the face of danger.
危険に際しては落ち着いていなければならない。

参考 in one's face ～の面前で　to one's face あからさまに, 面と向かって

---

in charge of ～

～を担当して, ～に責任をもって ＝responsible for ～
❷ ～の〈of〉管理〈charge〉の中に〈in〉

参考 take charge of ～ ～を預かる, ～を担当する

▼動詞とともに

be absorbed in ～ ～に夢中になる ＝be lost in ～

❷ ～の中に〈in〉心が吸収される〈be absorbed〉

例文 He was absorbed in comic books.　彼は漫画に夢中になっていた。

---

be involved in ～ ～に巻きこまれる, 関係する, 熱中する

❷ ～の中に〈in〉巻きこまれる〈be involved〉

例文 He is involved in working out a puzzle.
彼は謎を解くのに没頭している。

---

be engaged in ～ ～に従事している

❷ ～の中に〈in〉従事させられている〈be engaged〉

例文 He is engaged in medical researches.
彼は医学の研究に従事している。

参考 be engaged with ～ ～で忙しい
be engaged to ～ ～と婚約している

be caught in ～
❶ ～(雨など)にあう
❷ ～(うそなど)にひっかかる

➋ ～の中に〈in〉つかまえられる〈be caught〉

例文 **❶** I was caught in a shower on my way home.
私は帰り道でにわか雨にあった。

---

believe in ～
❶ ～の存在を信じる
❷ ～(の人格・能力など)を信頼する

➋ ～の中に〈in〉包み込まれて信じる〈believe〉

例文 **❶** I believe in God. 私は神(の存在)を信じる。

---

succeed in ～ ～に成功する

➋ ～において〈in〉成功する〈succeed〉

例文 He succeeded in entering the university.
彼は首尾よくその大学に入学した。

参考 succeed to ～ ～を継承する

---

look in ～ ～をちょっとのぞく

➋ ～の中を〈in〉見る〈look〉

参考 look into ～ ～を調査する
look in on ～ (人)，look in at ～ (場所) ～の所にちょっと立ち寄る

---

end in ～ ～に終わる，帰する ＝result in ～

➋ ～という状態の中で〈in〉終わる〈end〉

例文 All his attempts ended in failure. 彼の努力は全て失敗に終わった。

参考 end up ～ 結局最後には～(の状態)になる
＊ end in の後は名詞のみ，end up の後は名詞・形容詞・*doing* などが続く。

---

set in (季節・天候などが)始まる

➋ やってきて〈in〉定着する〈set〉

例文 The rainy season has set in. 雨季が始まった。
＝It has set in to rain.

---

keep in touch with ～ ～と接触(文通・交際)を続ける

➋ ～とともに〈with〉接触〈touch〉の状態に〈in〉保つ〈keep〉

---

break in 話に割り込む ＝interrupt

➋ 割って〈break〉中に〈in〉入る

標準

interfere in ~ ~に干渉する，~に口出しする
　❍ 干渉して〈interfere〉~の中に〈in〉入る
　例文 Don't interfere in private concerns.　私事に口出しするな。
　参考 interfere with ~＝interrupt　~のじゃまをする

result in ~ ~に終わる，~をもたらす　＝end in ~
　❍ ~に〈in〉帰結する〈result〉
　例文 An unhealthy lifestyle often results in sickness.
　＝Sickness often results from an unhealthy lifestyle.
　病気はしばしば不健康な生活習慣から起こる。

major in ~ ~を専攻する　＝specialize in ~
　❍ ~において〈in〉専攻する〈major〉

fill in ~ ~（書類）に必要事項を書き込む　＝fill out ~
　❍ ~の中に〈in〉満たす〈fill〉
　例文 Fill in an application.　願書に所要の事項を書き入れなさい。

bring in ~ ~（利益）をもたらす
　❍ ~を中に〈in〉もってくる〈bring〉
　例文 My extra work doesn't bring in much.
　私の臨時の仕事はいくらにもならない。

participate in ~ ~に参加する　＝take part in ~
　❍ ~の中に〈in〉加わる〈participate〉

発展

drop in 立ち寄る
　❍ 中の〈in〉場所（人）に〈at, on〉落ちる〈drop〉
　＊立ち寄り先は場所なら at，人なら on で表す。

hand in ~ ~を提出する　＝submit, turn in ~
　❍ ~の手の中に〈in〉手渡す〈hand〉
　参考 hand out ~　~を配る　＝distribute

🦆 〈目的〉〈程度〉の to

基礎 to *one's* heart's content 心ゆくまで

❷ 人の〈one's〉心の〈heart's〉満足〈content〉まで〈to〉
[参考]at heart 心の底では
＊one's が複数なら hearts' となる。

to *one's* surprise ～(人)が驚いたことには

❷ 人の〈one's〉驚き〈surprise〉にまで〈to〉
[例文]To his surprise, he found his dog dead.
彼が驚いたことには，彼の犬が死んでいたのだ。
[参考]to *one's* joy うれしいことには　to *one's* sorrow 悲しいことには

発展 to the point 適切な，要領を得て ＝to the purpose

❷ 要点〈the point〉に至って〈to〉
↔ off the point 見当ちがいで
[例文]His report was brief and to the point.
彼の報告は簡潔で要領を得ていた。

▼形容詞などとともに

基礎 owing to ～ ～の理由で ＝because of ～

❷ ～に対して〈to〉おかげをこうむっていて〈owing〉

prior to ～ ～より前に ＝previous to ～, before ～

❷ ～に対して〈to〉優先した〈prior〉
[例文]The accident happened prior to my arrival.
その事故は私が到着する前に起こった。

標準 thanks to ～

～のおかげで，～のために ＝on account of ～, because of ～
❷ ～に対する〈to〉感謝〈thanks〉

due to ～ ～のために ＝on account of ～, because of ～

❷ (原因などを)～に〈to〉帰すべき〈due〉

発展 next to ～

❶[否定を表す語の前に用いて]ほとんど～ ＝almost ～
❷～の隣りに
❷ ～の〈to〉隣りに〈next〉
[例文]❶ It is next to impossible to solve this problem.
この問題を解くのはほとんど不可能だ。

according to ～　～によれば

❷ ～に〈to〉従えば〈according〉
参考 in conformity with ～　～（規則・習慣）に従って

▼ with とともに

with regard to ～

～に関しては　=in regard to ～, about ～
❷ ～に対する〈to〉配慮〈regard〉をもって〈with〉

with a view to ～　～の目的で　=with the view of ～

* with a view to ～ と with the view of ～ の冠詞と前置詞の組合せに注意。
❷ ～に向けた〈to〉ねらい〈view〉をもって〈with〉
例文 He jogs every day with a view to promoting his health.
　　彼は健康増進の目的で毎日ジョギングをしている。

▼ 動詞とともに

belong to ～　～に属する

❷ ～の方に〈to〉属している〈belong〉
例文 This book belongs to me. この本は私のものだ。
* be belonging to ～ と進行形にはしない。

agree to ～　～（提案など）に同意する

❷ 提案に対して〈to〉賛成する〈agree〉
例文 I agreed to his marrying her.　彼が彼女と結婚することに同意した。
参考 agree with ～　～と意見が一致する

get to ～　❶～に到着する　❷～を始める

❷ ～まで〈to〉至る〈get〉
例文 ❷ They got to business.　彼らは仕事に取りかかった。
参考 get to do=come to do　～するようになる

come to ～　❶～（の状態）になる　❷～の心に浮かぶ

❷ ～の状態にまで〈to〉来る〈come〉
例文 ❷ An idea came to him.=He hit on an idea.
　　ある考えが彼の心にひらめいた。

lead to ～　❶～を引き起こす　❷～に至る

❷ ～まで〈to〉導く〈lead〉
例文 ❷ Paying attention in class may lead to high marks.
　　授業中によく聞いていれば成績が上がります。
参考 lead A to do　A を～する気にさせる

stick to ～ ❶～に固執する ❷～を最後までやり遂げる

❷ ～に〈to〉くっつく〈stick〉
例文 ❷ He can stick to nothing.　彼は何をやっても三日坊主だ。

---

occur to ～ ～の心に浮かぶ

❷ ～の心に〈to〉起こる〈occur〉
例文 A good idea occurred to me.　名案が浮かんだ。

---

amount to ～ ❶総計～に達する ❷結局～になる

❷ ～にまで〈to〉総計が達する〈amount〉
例文 ❶ His debts amounted to five million yen.
　　　彼の負債は総計 500 万円になった。
　　❷ That amounts to a lie.　それはうそも同然だ。

---

add to ～ ～を増やす ＝increase

❷ ～に対して〈to〉付け加える〈add〉
例文 The news added to my pleasure.
　　　そのニュースを聞いて私はますますうれしくなった。

---

point to ～ ❶～の方を指差す ❷～を示す

❷ ～の方向に〈to〉指差す〈point〉
参考 point out ～　～を指摘する

---

contribute to ～ ～に貢献する

❷ ～に対して〈to〉貢献する〈contribute〉
参考 contribute A to B　A を B に寄付する，提供する

---

appeal to ～ ～(の心)に訴える，～に受ける

❷ ～(人)に対して〈to〉懇願する〈appeal〉
例文 Bright colors appeal to small children.　明るい色は子供に好かれる。

---

set to 仕事に専念する，せっせとやりだす

❷ ～の方に〈to〉身を置く〈set〉
参考 set to work　仕事にとりかかる

hold to 〜 〜に固執する，しがみつく

❸ 〜の方に〈to〉向いた姿勢を保つ〈hold〉
例文 Do you still hold to your old opinion?
あなたはまだ昔の意見を捨てないのか。
参考 hold on to 〜 〜を放さないでいる

keep to 〜 **❶**〜を固守する ＝stick to 〜 **❷**〜に引きこもる

❸ 〜に対して〈to〉自らを保つ〈keep〉
例文 **❶** Keep to the right. 右側通行

see to 〜 **❶**〜に気をつける ＝look after 〜
❷〜を取りはからう

❸ 〜の方を〈to〉見る〈see〉
例文 **❶** See to it that you don't make a mistake again.
二度と間違いをしないように気をつけなさい。

refer to 〜 **❶**〜に言及する **❷**〜に関連している
❸〜を参考にする

❸ 〜にまで〈to〉言及する〈refer〉
例文 **❶** Don't refer to the accident again.
二度とその事故のことを口にするな。

yield to 〜 〜に屈する，負ける

❸ 〜に対して〈to〉譲る〈yield〉

attend to 〜

〜に注意を払う ＝pay attention to 〜，take heed of 〜
❸ 〜に対して〈to〉気をつける〈attend〉

give in to 〜

〜に屈する ＝give way to 〜，yield to 〜，submit to 〜
❸ 〜に対し〈to〉その勢力下に〈in〉自身を与える〈give〉
参考 give in 〜 〜を提出する ＝hand in 〜

stand to reason 理にかなう，当然である

❸ 道理〈reason〉に向かって〈to〉立つ〈stand〉
例文 It stands to reason that she got angry.
彼女が怒ったのはもっともだ。

be equal to ～　❶～に等しい　❷～をする力量(能力)がある
❸ ～に対して〈to〉等しい〈be equal〉
例文 ❷ He was equal to the job.　彼はその仕事をやれる力量があった。

be similar to ～　～とよく似ている
❸ ～と対比して〈to〉よく似ている〈be similar〉

be related to ～　～と関係がある　=be connected with ～
❸ ～に対して〈to〉関係づけられる〈be related〉

be subject to ～　❶～(不快な経験など)を受けやすい
❷～の影響を受ける
❸ ～に対して〈to〉主題になりやすい〈be subject〉
例文 ❶ He is subject to colds.　彼はかぜをひきやすい。

be opposed to ～　～に反対している　=oppose
❸ ～に対して〈to〉対立させられている〈be opposed〉
例文 My parents are opposed to my going to college.
両親は私が大学に行くのに反対している。

be given to ～　～に専念する，～に夢中になっている
❸ ～に〈to〉自分自身がささげられる〈be given〉

be handed down (to ～)
(伝統などが)(～に)伝えられる
❸ 下〈down〉の世代の～に〈to〉手渡される〈be handed〉
例文 The story was handed down to his descendants.
その話は彼の子孫に伝えられた。

be addicted to ～　❶～に凝っている
❷～に中毒になっている
❸ ～に〈to〉ふけっている〈be addicted〉

🦆 〈中へ〉の into

基礎
get into ～　❶～(状態・習慣など)に陥る　❷～に夢中になる

➡ ～の中にまで〈into〉至る〈get〉

例文 ❷ He got into the novel.　彼はその小説に夢中になった。

参考 ❶ get into trouble　困ったことになる
　　 get into the habit of ～　～の癖がつく

put ～ into practice　～を実行する　=put ～ in practice

➡ ～を実践〈practice〉の中に〈into〉置く〈put〉

例文 He put the idea into practice.　彼はその考えを実行に移した。

参考 put ～ to use　～を利用する

標準
burst into ～

～(泣き・笑いなど)を突然始める　=burst out *doing*

➡ 破裂して〈burst〉～の状態の中に入る〈into〉

例文 She burst into laughter.＝She burst out laughing.
　　 彼女は突然笑いだした。
　　 ＊burst の後は into＋名詞，out＋*doing* となることに注意。

look into ～

～を調べる　=investigate, inquire into ～, examine

➡ ～の中に〈into〉目をやる〈look〉

run into ～　❶偶然～と出会う　=come across ～, run across ～
　　　　　　　　❷～に衝突する　=collide with ～

➡ ～の中に〈into〉駆け込む〈run〉

発展
break into ～

❶～に押し入る
❷急に～し出す　=burst into ～, burst out *doing*, break out *doing*

➡ こわして〈break〉～の中に〈into〉入る

go into ～　❶～を調査する　=investigate　❷～を始める

➡ ～の中に〈into〉入っていく〈go〉

fall into ～　❶～に分類される
　　　　　　　　❷(突然・偶然)～の状態に陥る

➡ ～の分野の中へ〈into〉落ちる〈fall〉

🦆〈外〉〈すっかり〉の out

基礎

watch out (for 〜) (〜に)気をつける
➋ 〜を求めて〈for〉外を〈out〉警戒する〈watch〉

lay out 〜 〜の計画を立てる, 設計をする
➋ 外に〈out〉〜を横たえる〈lay〉→〜を整えておく

標準

bring out 〜
➊〜(本など)を世に出す =publish
➋〜(真相など)を明らかにする
➌〜を際立たせる
➋ 〜を外に〈out〉もち出す〈bring〉

sell out 〜
➊〜を売り尽くす ➋〜を裏切る
➋ 〜を売って〈sell〉なくなって〈out〉しまった
例文 ➊ We have sold out all the tickets. チケットは全て売り切れました。

carry out 〜
➊〜を実行する =put 〜 into practice, put 〜 into effect
➋〜を成し遂げる =perform, accomplish, complete
➋ 〜(計画など)を運び〈carry〉出す〈out〉
参考 put 〜 into words 〜を言葉で表す

leave out 〜
➊〜を省く =omit
➋〜を考えに入れない, 無視する
➋ 〜を外に〈out〉置き去りにする〈leave〉

die out 絶滅する
➋ 死んで〈die〉尽きる〈out〉
参考 die down (音・興奮などが)弱まる

cut out 〜
➊〜を出し抜く ➋〜を省く, 切り取る
➋ 〜を切って〈cut〉外へ〈out〉出す
例文 ➊ You'll have no difficulty in cutting all rivals out.
あなたならすべての競争相手を出し抜くのはわけないでしょう。

pick out ～ ～を選ぶ =single out ～, select, choose

❷ ～をつついて取り〈pick〉出す〈out〉
参考 pick on ～ ～を非難する
pick and choose より好みする, 精選する

point out ～ ～を指摘する

❷ 外へ〈out〉と指差す〈point〉

put out ～ ❶～(明かりなど)を消す =extinguish
❷～を生産する =produce

❷ ～を消えた状態に〈out〉置く〈put〉
参考 be put out 悩まされる

set out ❶出発する =set forth, set off, start ❷着手する

❷ 外に〈out〉向かう〈set〉

break out (戦争・火事などが)突発する

❷ こわれて〈break〉外へ出る〈out〉

stand out 目立つ =show up

❷ 外に〈out〉立つ〈stand〉
参考 bring out ～ ～を際立たせる

work out (～) ❶～を解く =solve
❷～を成し遂げる =accomplish
❸(ことが)うまくゆく =succeed, go well

❷ 働いて〈work〉～を外に出す〈out〉

figure out ～

❶～を理解する
=make out ～, make sense of ～, get at ～, understand
❷～を解決する
❷ ～を最後まで〈out〉形づくる〈figure〉

wear out （〜） ❶すり減ってだめになる
❷〜を疲れさせる，〜をすり減らす
➋ すっかり〈out〉すり減る〈wear〉
参考 wear off　弱まる，次第になくなる

bear out 〜　〜を実証する，証明する
➋ 〜を終わりまで〈out〉支える〈bear〉
例文 Those facts will bear out your innocence.
それらの事実が君の潔白を実証してくれるだろう。

🦆〈外へ〉の out of

out of sight　見えない所に
➋ 視野〈sight〉の〈of〉外に〈out〉
例文 Out of sight, out of mind.　去る者は日々にうとし。

out of shape　不調で，形がくずれて
➋ 満足すべき状態〈shape〉の外に〈out of〉
参考 in (good) shape　好調で

run out of 〜　〜を使い果たす　=use up 〜, exhaust
➋ 〜の外へ〈out of〉走り出る〈run〉
参考 run short of 〜　〜が不足する

out of the question
まったく不可能で，問題にならない　=impossible
➋ 問題〈the question〉の外で〈out of〉
例文 Your proposal is out of the question.　君の提案は問題にならない。

out of print　絶版で
↔ in print　出版されて，（本が）入手可能で
➋ 版〈print〉がなくて〈out of〉

🦆〈同伴〉〈関連〉の with

基礎

be crowded with ~ ~で込み合っている
➡ ~でもって〈with〉詰め込まれている〈be crowded〉

---

be familiar with ~ ❶~に精通している
　　　　　　　　　　 ❷~と親しくしている
➡ ~に関して〈with〉親しい〈be familiar〉
例文 ❶ I am familiar with this machine. 私はこの機械をよく知っている。
　　＝This machine is familiar to me.

---

be connected with ~
~と関係がある ＝be related to ~
➡ ~と一緒に〈with〉結びつけられている〈be connected〉

---

be satisfied with ~ ~に満足している
➡ ~でもって〈with〉満足させられている〈be satisfied〉

---

be pleased with ~
~に満足している，~が気に入っている
➡ ~でもって〈with〉喜ばされる〈be pleased〉
参考 be pleased to do ~してうれしい

標準

be contented with ~ ~に満足している
➡ ~でもって〈with〉満足させられている〈be contented〉
例文 Be contented with a small salary at the beginning.
　　初めは少ない給料で満足しなさい。
参考 be content to do 喜んで~する

---

be consistent with ~
~と一致する，矛盾しない ＝consist with ~
➡ ~とともに〈with〉調和している〈be consistent〉
例文 His behavior is consistent with his words. 彼は言行が一致している。

---

be the case (with ~)
(~については)本当である，(~の場合は)そうである ＝be true of ~
➡ ~に関しては〈with〉事実〈the case〉である〈be〉
参考 as is often the case with ~ ~にはよくあることだが

meet with ～

▼ be 動詞以外の動詞とともに

❶ ～を経験する，～(事故・困難など)に遭遇する
❷ (約束して)～に会う
❸ ～と〈with〉ぶつかる〈meet〉
例文 ❶ He met with an accident.　彼は事故にあった。

cope with ～　❶～に対処する　❷～と対抗する

❸ ～について〈with〉うまく処理する〈cope〉
例文 ❷ I can't cope with him in English.　私は英語では彼に歯が立たない。

side with ～　～を支持する

❸ ～と一緒〈with〉の側につく〈side〉
例文 He always sides with the stronger party.　彼は常に強い方に味方する。
↔ side against ～　～に反対をする

correspond with ～　❶～に一致する　❷～と文通する

❸ ～とともに〈with〉調和する〈correspond〉
例文 ❶ This product corresponds with my needs.
この商品は私の要求にかなっている。
参考 correspond to ～　～に相当する

deal with ～　～を取り扱う　=do with ～

❸ ～に関して〈with〉扱う〈deal〉
参考 deal in ～　～を商う

keep company with ～　～と付き合う

❸ ～と〈with〉交際〈company〉を保つ〈keep〉

find fault with ～　～のあらさがしをする　=criticize

❸ ～について〈with〉あら・欠点〈fault〉をみつける〈find〉

fall in with ～　❶～に一致する　=agree to ～
❷～と偶然出会う　=come across ～

❸ ～と関わる〈with〉範囲内に〈in〉落ちてくる〈fall〉

発展

come to terms with ～

～と折り合う，～(事態など)を甘受する
◐ ～と〈with〉条件〈terms〉に〈to〉至る〈come〉
例文 We came to terms with each other. 私たちは妥協しあった。

標準

▼副詞とともに

along with ～

～と一緒に，～に加えて，～のほかに　=together with ～
◐ ～と一緒に〈with〉ずっと〈along〉

発展

together with ～　～と合わせて　=along with ～

◐ ～と〈with〉一緒にして〈together〉

🦆 〈覆って〉〈関連〉の over

基礎

talk over *A* with *B*

B(人)と *A* について(十分に)話し合う，相談する
=discuss *A* with *B*
◐ (人)とともに〈with〉～をめぐって〈over〉話す〈talk〉

標準

look over ～　❶～を点検する　=examine, inspect
　　　　　　　　❷～を繰り返し勉強する
　　　　　　　　❸～を大目に見る　=overlook
◐ 始めから終わりまで〈over〉～に目を通す〈look〉

run over ～　❶～にざっと目を通す　=look over ～
　　　　　　　　❷～を復習する　=review　❸～を轢く
◐ 始めから終わりまで〈over〉～に目を走らせる〈run〉

発展

think over ～　❶～を考え直す　=reconsider
　　　　　　　　❷～を熟考する　=consider
◐ ～を繰り返し〈over〉考える〈think〉

🦆 〈傍らに〉〈手段〉の by

put by ～
～をたくわえる, 取っておく　=put away ～, put aside ～
❷ ～をかたわらに〈by〉置く〈put〉

go by ～　～に頼る
❷ ～に従って〈by〉行く〈go〉
例文 Don't go by what I say.　私の言うこと（だけ）で判断するな。

stop by (at) ～　～に立ち寄る　=drop in at ～
❷ ～に〈at〉寄って〈by〉止まる〈stop〉
参考 stop over at ～　～で途中下車する

pass by ～　❶～のそばを通る　❷～を無視する, 見逃す
❷ ～のそばを〈by〉通過する〈pass〉
例文 ❷ I cannot pass by his remark.　彼の発言は聞き捨てならない。

stand by ～　～を支持する　=stand up for ～
❷ ～のそばに〈by〉立つ〈stand〉
参考 stand up ～　～に待ちぼうけをくわせる

▼名詞などとともに

by turns　代わる代わる, 順番に
❷ 順番〈turns〉によって〈by〉
例文 They took the wheel by turns.　彼らは交替でハンドルを握った。
参考 in turn　順番（通り）に, 今度は

by chance　偶然に　=by accident
❷ 偶然〈chance〉によって〈by〉

little by little　少しずつ
❷ 少し〈little〉の差で〈by〉また少し〈little〉
参考 step by step 一歩ずつ　one by one 一つずつ　day by day 日毎に

by and large どの点から見ても，概して =on the whole
    ❷ 風に向かったり〈by〉そして〈and〉離れたり〈large〉
    例文 Consider the matter by and large.
      その問題を全般にわたって考えなさい。

---

by nature 生まれつき
    ❷ 本性〈nature〉によると〈by〉
    参考 in nature 実在して
      in the nature of ~ ~の性質を帯びて

🦆〈分離〉〈起源〉の from

be different from *A* in *B*
    A とは *B* の点で異なる =differ from *A* in *B*
    ❷ *A* から〈from〉*B* において〈in〉異なる〈be different〉
    例文 This box is different from that one in color.
      この箱は色があの箱とは違う。

be absent from ~
    ❶~に欠席している ↔ be present at ~ ~に出席している
    ❷~に欠けている
    ❷ ~から〈from〉離れて不在だ〈be absent〉
    例文 ❷ Vitamin is absent from his diet. 彼の食事にはビタミンが欠けている。

be free from ~ ~(不快なものなど)がない
    ❷ ~から〈from〉自由である〈be free〉
    例文 I am free from work today. 私は今日は仕事がない。
    参考 be free of ~ ~(義務など)が免除されている

come from ~ ❶~から生じる ❷~の出身だ
    ❷ ~から〈from〉出てくる〈come〉
    例文 ❷ Where do you come from? あなたの出身はどちらですか。

hear from ~ ~から便りがある
    ❷ ~から〈from〉聞いて知る〈hear〉
    参考 hear of ~ ~のことを耳にする

基礎

suffer from ～　～(病気など)で苦しむ

❷ ～から〈from〉苦しむ〈suffer〉ことになる

例文 He is suffering from a cold.　彼はかぜをひいている。

---

result from ～　～から生じる

❷ ～から〈from〉結果として生じる〈result〉

例文 The flood resulted from the heavy rain.
その洪水は豪雨のせいで起きた。

参考 result in ～　～という結果になる

---

recover from ～　～(病気など)から回復する

❷ ～から〈from〉元どおりになる〈recover〉

標準

graduate from ～　～を卒業する

❷ ～から〈from〉学位を取って卒業する〈graduate〉

---

derive from ～

～に由来する　=come from ～, be derived from ～

❷ ～から〈from〉出てくる〈derive〉

例文 This word derives from Greek.　この語はギリシア語起源だ。

---

refrain from ～　～を差し控える，慎む

❷ ～から〈from〉差し控える〈refrain〉

例文 Please refrain from smoking in the car.
車内での喫煙はご遠慮ください。

発展

break away from ～

❶ ～から逃げる　=escape from ～
❷ ～と関係を絶つ，～から離脱する
❷ ～から〈from〉ぷっつり切れて〈break〉離れる〈away〉

標準

apart from ～　　　　　　　　　　▼副詞とともに

❶ ～は別として　=aside from ～
❷ ～のほかに　=in addition to ～, besides ～
❸ ～から離れて
❷ ～から〈from〉別に〈apart〉

🦆 〈離れて〉の away

基礎

put away 〜　❶〜を片づける　=clear
　　　　　　　　　　　❷〜を(将来のために)取っておく　=put aside 〜
➡ 〜をあちらへ〈away〉置く〈put〉
例文 ❶ Put your books away.　本を片づけなさい。

---

run away　逃げる
➡ 走って〈run〉離れていく〈away〉
参考 run away with 〜　〜を持ち逃げする，〜(賞など)をさらっていく

---

get away　逃げる
➡ 離れた所に〈away〉至る〈get〉
参考 get away with 〜
　　〜を持ち逃げする，(罰せられずに)〜をうまくやってのける

---

clear away 〜　〜を片づける，取り除く
➡ 〜を取り去って〈away〉きれいにする〈clear〉

---

give away 〜　❶〜(秘密など)をもらす，〜(人)を裏切る
　　　　　　　　　　❷〜(機会など)をふいにする
➡ 〜をあちらへ〈away〉与える〈give〉
参考 give off 〜　〜(香りなど)を放つ

標準

throw away 〜　〜を捨てる，むだにする
➡ 離れた所へ〈away〉〜を投げる〈throw〉
例文 Don't throw away your chance.　チャンスをむだにするな。
参考 a throwaway society　使い捨て社会

---

pass away（〜）　❶消え去る，死ぬ　=die
　　　　　　　　　　　❷(時が)経過する　❸(〜)を(楽しく)過ごす
➡ 通過して〈pass〉去っていく〈away〉

発展

while away 〜　〜(時)を(楽しく)過ごす
➡ (仕事から)離れて〈away〉時を過ごす〈while〉
参考 idle away 〜　〜を無駄に過ごす　= waste

🦆 〈周辺〉〈関連〉の about

基礎
be anxious about ～　～を心配している
　❍ ～について〈about〉心配している〈be anxious〉
　[例文] She was anxious about his health.
　　彼女は彼の健康のことが心配だった。
　[参考] be anxious for ～　～を切望している

be concerned about ～
　～を心配している　=worry about ～
　❍ ～について〈about〉心配させられている〈be concerned〉
　[参考] be concerned with ～　～に関係している
　＊be concerned に続く前置詞 about, with がねらわれる。

発展
be about ～　～に従事している　=be engaged in ～
　❍ ～に従事して〈about〉いる〈be〉
　[例文] Don't be too long about your homework.
　　あまり長い間宿題にかかりきりになるな。

基礎
▼ be 動詞以外の動詞とともに

set about ～　❶～に取りかかる　❷～(うわさなど)を広める
　❍ ～のあたりに〈about〉身を置く〈set〉
　[例文] ❶ He set about his own task.　彼は自分の仕事に取りかかった。

come about 起こる，生じる　=happen
　❍ ぐるりと回って〈about〉来る〈come〉
　[例文] How did it come about that you were late ?
　　あなたが遅れたのはどうしてですか。

標準
get about (うわさなどが)広まる
　❍ あたりに〈about〉至る〈get〉
　[例文] Bad news gets about quickly.　悪いうわさはすぐに広まる。

bring about ～
　～をもたらす，引き起こす　=result in ～, end in ～, cause
　❍ ～のまわりに〈about〉もってくる〈bring〉
　[例文] Gambling brought about his ruin.　彼はばくちで身を滅ぼした。

発展
see about ～
　❶～に配慮する　=attend to ～, take care of ～　❷～を検討する
　❍ ～のまわりに〈about〉目を配る〈see〉

🦆〈後〉の after /〈後ろ〉の behind

基礎

run after ～　～を追いかける

　➡ ～のあとを〈after〉走る〈run〉

look after ～

　❶～の世話をする，～に気をつける　=take care of ～
　❷～を求める
　➡ ～のあとで〈after〉見る〈look〉

ask after ～

　～(の健康状態など)について尋ねる　=inquire after ～
　➡ ～を追って〈after〉尋ねる〈ask〉
　例文 I asked after my sick friend.　私は病気の友人を見舞った。

name *A* after *B*　*B* にちなんで *A* に名前をつける

　➡ *B* のあとを追って〈after〉*A* に名前をつける〈name〉
　例文 We named our eldest son after his grandfather.
　　　私たちは長男に祖父にちなんだ名前をつけた。

標準

inquire after ～

　～の安否を尋ねる，～を見舞う　=ask after ～
　➡ ～を追って〈after〉尋ねる〈inquire〉
　参考 inquire into ～　～を調べる

take after ～　～(親など)に似る　=resemble, look like ～

　➡ (親)のあと〈after〉を取る〈take〉

基礎

▼ behind

leave ～ behind　❶～を置き忘れる
❷～を取り残す，～を置いてけぼりにする

　➡ ～をあとに〈behind〉残す〈leave〉
　例文 ❶ I left the book behind.　私はその本を置き忘れた。
　　　❷ A few students were left behind.　2，3人の生徒が落ちこぼれた。

標準

fall behind (in ～)　(～において)遅れる

　➡ ～において〈in〉後ろに〈behind〉落ちる〈fall〉
　例文 You must not fall behind in your work.
　　　仕事の進行が遅れてはいけない。

🦆 〈通過〉の through

基礎

look through ～ ❶～に目を通す，～を調べる
❷～(心の中や計画など)を見抜く
➡ ～をはじめから終わりまで通して〈through〉見る〈look〉

put through ～ ～をやり遂げる
➡ ～をうまく切り抜けて〈through〉置く〈put〉
例文 They put through the whole scheme.
彼らはその計画を全てやり遂げた。
参考 put A through to B B に A の電話をつなぐ

go through ～ ❶～を経験する ❷～を調べる
➡ ～をくぐり抜けて〈through〉行く〈go〉
例文 ❶ I have gone through many hardships.
私は多くの苦難を経験してきた。
参考 go through with ～ ～を成し遂げる

標準

get through ～ ～を終える ＝finish, complete
➡ ～を通り抜けて〈through〉達する〈get〉

be through with ～ ❶～を終える ＝finish
❷～との関係を断つ
➡ ～と一緒に〈with〉通り抜けた〈be through〉
例文 ❶ Are you through with the work？ あなたは仕事をすませましたか。
❷ He's through with her. 彼は彼女と手を切った。

発展

pull A through B
A(人)に B(危機・困難など)を切り抜けさせる
➡ B を通り抜けるように〈through〉A を引っ張る〈pull〉

break through ～ ～を打ち破る，突破する
➡ ～をこわして〈break〉通り抜ける〈through〉

動詞・準動詞で覚える

🦆 〈得る〉get と〈与える〉give

基礎

get in touch with ～

～と連絡をとる　=get in contact with ～

❷ ～と〈with〉接触の状態〈touch〉の中に〈in〉入る〈get〉

参考 keep in touch with ～　～と連絡を保つ
out of touch with ～　～にごぶさたして

get hold of ～　～を手に入れる

❷ ～の〈of〉つかむところ〈hold〉を得る〈get〉

参考 catch hold of ～　～をつかむ

get along with ～

～とうまくやっていく　=get on with ～

❷ ずっと〈along〉～と一緒に〈with〉到着する〈get〉

例文 They are getting along well with each other.　あの二人はうまが合う。

標準

get on with ～　❶～をどんどん進める
❷～とうまくやっていく

❷ ～に関して〈with〉進んで〈on〉行く〈get〉

例文 ❶ How are you getting on with your work?
あなたの仕事のはかどり具合はどうですか。

get over ～　❶～を乗り越える　=overcome
❷～から回復する　=recover from ～

❷ ～を越えて向こうに〈over〉達する〈get〉

get at ～　❶～を手に入れる　❷～を理解する，つかむ

❷ ～を目指して〈at〉至る〈get〉

例文 ❷ To get at the truth of any history is good.
歴史の真実を知ることはよいことだ。

発展

get around ～　❶～を避ける，克服する，のがれる
❷～を言いくるめる

❷ ～をぐるっと回って〈around〉達する〈get〉

例文 ❷ He got around his father to lend him money.
彼はうまいことを言って父親から金を借りた。

get around to ～

(やっと)～に手が回る，～する余裕ができる

❷ ぐるっと回って〈around〉～に〈to〉至る〈get〉

例文 I bought a book, but I never got around to reading it.
本は買ったが，読むまでにはとてもいかなかった。

get *A* across (to *B*) (*B*に)*A*をわからせる

⊃ *A*を向こう〈across〉の*B*に〈to〉持って行く〈get〉
参考 make *oneself* clear　自分の考えを相手にわからせる

---

get in with ~　~と親しくなる　=make friends with ~

⊃ ~と一緒に〈with〉中に〈in〉至る〈get〉

---

get the hang of ~　❶~のこつを身につける，飲み込む
❷~(の要点)を理解する

⊃ ~の〈of〉かけ方〈the hang〉を飲み込む〈get〉

---

get a break　思わぬ幸運をつかむ

⊃ 芸を中断〈a break〉して〈get〉見物料をとる

---

get even with *A* (for *B*)　*A*に(*B*の)仕返しをする

⊃ ~と〈with〉貸し借りのない状態〈even〉になる〈get〉
例文 I'll get even with him for trying to cheat me.
　　私をだまそうとしたんだから仕返しをしてやる。

▼ give

give ~ a lift　~を(車などに)乗せる　=give ~ a ride

⊃ ~に乗車〈a lift〉を与える〈give〉
例文 She asked me to give her a lift to the station.
　　彼女は駅まで車に乗せていってと私に頼んだ。

---

give rise to ~　~(よくないこと)をひき起こす

⊃ ~に〈to〉始まり〈rise〉を与える〈give〉
例文 The rumor gave rise to a lot of unnecessary worry.
　　そのうわさはいらざる心配をいろいろとひき起こした。

---

give vent to ~　~(怒り・悲しみなど)を表に出す　=express

⊃ ~に〈to〉はけ口〈vent〉を与える〈give〉

🦆 〈持って行く〉の take

基礎
take notice of ～ ～(警告・忠告など)に注意する，気づく

- ⊃ ～に関して〈of〉注意〈notice〉を取る〈take〉
- 例文 He took no notice of my advice.
  彼は私の忠告に全く耳をかさなかった。

---

take ～ for granted ～を当然のことと思う

- ⊃ ～を認められた〈granted〉ものとして〈for〉考える〈take〉
- 例文 I took it for granted that you would come.
  私はてっきりあなたは来るものと思っていた。

take ～ into account

～を考慮に入れる ＝take account of ～
- ⊃ ～を勘定〈account〉の中に〈into〉連れていく〈take〉
- 例文 We have to take his youth into account.
  私たちは彼の若さを考慮しなければならない。

---

take pride in ～

～を誇りにしている ＝be proud of ～, pride *oneself* on ～
- ⊃ ～において〈in〉自尊心〈pride〉を抱く〈take〉

標準
take charge of ～ ～の責任を引き受ける

- ⊃ ～の〈of〉責任〈charge〉を取る〈take〉
- 例文 He will take charge of the office. 彼が職場を管理することになろう。
- 参考 in charge of ～ ～の管理をしている，世話をしている

---

take ～ apart ～を分解する，ばらばらにする

- ⊃ ～をばらばらの状態〈apart〉に持って行く〈take〉

---

take out ～ ❶～を取り出す ❷～を連れ出す
❸(食べずに)～を持ち帰る
- ⊃ ～を外へ〈out〉持って行く〈take〉
- 例文 ❷ He took her out for dinner. 彼は彼女を食事に連れ出した。

---

take over ～ ～を引き継ぐ ＝succeed (to) ～

- ⊃ 一方から他方へ〈over〉～を取る〈take〉

take on ～ ❶～を帯びる　❷～を引き受ける　=undertake
❸～を雇う　=employ
➲ 自らの上に〈on〉～を持って行く〈take〉

take part in ～
～に参加する　=participate in ～, join (in) ～
➲ ～の中に〈in〉役割〈part〉を取る〈take〉

take the place of ～　～の代わりをする
➲ ～の〈of〉場所〈the place〉を取る〈take〉
例文 A good book takes the place of a teacher.
　　良書は教師の代わりになる。

take place　❶起こる　❷開催される
➲ 場所〈place〉を取る〈take〉

take advantage of ～
❶～を利用する　=avail *oneself* of ～, make use of ～, utilize
❷～の弱味・好意につけこむ
➲ ～から〈of〉利益〈advantage〉を取る〈take〉

take to ～ ❶～が習慣になる　=fall into the habit of ～
❷～が好きになる
➲ ～に〈to〉自らを持って行く〈take〉

take in ～ ❶～をだます　=deceive　❷～を理解する
❸～に行く，～を訪問する　❹～を吸収する
➲ ～を中に〈in〉取り込む〈take〉

take pity on ～
～に同情する　=feel sympathy for ～, sympathize with ～
➲ ～の上に〈on〉あわれみ〈pity〉を持って行く〈take〉

🦆 〈ひっくり返る〉の turn

基礎

turn off ~ ~(水道・ガス・電気などの供給)を止める
- ➋ 休止状態に〈off〉つまみを回す〈turn〉
- ↔ turn on ~ ~をつける，~を出す，~(栓)をゆるめる

turn to ~ ❶~(仕事)に取りかかる =go about ~
　　　　　　　❷~(本など)を調べる
- ➋ ~の方に〈to〉向く〈turn〉
- 例文 ❶ Now, let's turn to work. さあ仕事にかかろう。

標準

turn up ❶現れる =appear, show up ❷起こる =happen
- ➋ 上方に〈up〉ひっくり返す〈turn〉

turn out ~ ❶[to do または補語を伴って]~と判明する
　　　　　　　 ❷~を作り出す
- ➋ 転がり〈turn〉出る〈out〉
- 例文 ❶ It turned out to have had no effect. 結局何ら効果がなかった。

turn down ~ ❶~を拒絶する =refuse, reject
　　　　　　　　 ❷~の音(火など)を小さくする
- ➋ ~を下に〈down〉ひっくり返す〈turn〉

turn away (from ~) (~から)顔をそむける
- ➋ ~から〈from〉離れた方へ〈away〉向く〈turn〉

turn over ~ ❶~をひっくり返す ❷~(ページ)をめくる
　　　　　　　　 ❸~を引き渡す
- ➋ ~をさかさまに〈over〉回す〈turn〉

発展

turn around 振り向く
- ➋ ぐるりと〈around〉向きを変える〈turn〉
- 参考 turn around on ~ (急に)~を非難する

🦆 〈努力して作る〉の make

基礎
be made up of 〜

〜から成り立っている　=consist of 〜

❷ 〜から〈of〉作られて〈be made〉完全になる〈up〉

例文 The committee is made up of seven members.
委員会は 7 名のメンバーで構成されている。

make sure　[of〜や that 節が続いて]確かめる

❷ 確かに〈sure〉する〈make〉

例文 He looked around to make sure no one was watching.
彼はあたりを見回して誰も見ていないことを確かめた。

標準
make up for 〜　〜を償う，〜の埋め合わせをする

=compensate for 〜, make amends for 〜, recover

❷ 〜のために〈for〉作り〈make〉上げる〈up〉

make out 〜　❶〜を理解する　=understand
❷〜を見分ける　=discern
❸〜を作成する　=draw up 〜

❷ 作って〈make〉外へ出す〈out〉

発展
make believe to *do*〔that 〜〕　〜のふりをする

❷ 〜だと信じ〈believe〉させる〈make〉

例文 I made believe not to hear him.
私は彼の言うことが聞こえないそぶりをした。
Let's make believe that we're pirates.　海賊ごっこをしよう。

make for 〜　❶〜の方向に進む　=head for 〜
❷〜に役立つ　=contribute to 〜

❷ 〜の方向に〈for〉行く〈make〉

▼名詞とともに

基礎
make sense　意味をなす

❷ 意味〈sense〉をなす〈make〉

例文 His shoplifting doesn't make sense.
彼の万引きはどうもよくわからない。

make friends with 〜　〜と親しくなる

❷ 〜との相互関係で〈with〉友人〈friends〉を作る〈make〉
＊friends と複数形になることに注意。

参考 shake hands with 〜　〜と握手する
exchange seats with 〜　〜と席を替わる

make use of ～　～を利用する　=use
❍ ～から〈of〉利用〈use〉を作る〈make〉

make the most of ～
～(有利な条件)を最大限に利用する
❍ ～から〈of〉最も多くのもの〈the most〉を作る〈make〉
参考 make the best of ～　～(不利な条件)を最大限に利用する

make sense of ～　～を理解する　=understand
❍ ～から〈of〉意味〈sense〉を作る〈make〉
参考 make sense　意味をなす，道理にかなっている

make up *one's* mind (to *do*)
(～する)決心をする　=decide, resolve
❍ (～する)心〈mind〉を作り〈make〉上げる〈up〉
↔ change *one's* mind　心変わりする

make it　❶成功する　❷間に合う
❍ 話題になっていることがら〈it〉を作る〈make〉
例文 ❶ He made it on television. 彼はテレビではうまくやった。
参考 make it up with ～　～と仲直りする　　make it home　家に帰り着く

make a difference　相違を生じる，重要である
❍ 相違〈difference〉を作る〈make〉
例文 It does make much difference to us.
それは私たちにとってとても重要だ(大した違いだ)。

make fun of ～　～をからかう　=ridicule, poke fun at ～
❍ ～から〈of〉楽しみ〈fun〉を作る〈make〉
参考 make a fool of ～　～をばかにする

make (both) ends meet
収入内で生活をする　=keep *one's* head above water
❍ 年初と年末との両端の勘定〈both ends〉を合う〈meet〉ようにさせる
〈make〉

🦆 〈行動する〉の do

基礎 do ~ harm ~に害をもたらす =do harm to ~

❷ ~に害〈harm〉を与える〈do〉
[例文] Too much eating will do you harm. 食べすぎは体に悪い。
[参考] do ~ good ~に利益をもたらす

発展 do for ~ ❶~(職業など)に向く ❷~の代用になる
❸~を何とか手に入れる

❷ ~のために〈for〉役立つ〈do〉
[例文] ❸ What will you do for food during the journey?
旅行中食物はどのようにして手に入れますか。

基礎 have to do with ~ ❶~と関係がある ❷~を扱う
▼ with/ without とともに

❷ ~と一緒に〈with〉し〈do〉なければならない〈have to〉
[例文] ❶ He has to do with all sorts of people.
彼はあらゆる種類の人とかかわっている。

have something to do with ~
~といくらか関係がある

❷ ~と一緒に〈with〉するべき〈to do〉何か〈something〉をもつ〈have〉
[参考] have little to do with ~ ~とはあまり関係がない
have much to do with ~ ~とは大いに関係がある

do with ~ ❶~を扱う ❷~でやっていく，~ですます
↔ do without ~ ~なしですます
❷ ~に関して〈with〉処理する〈do〉
[例文] ❶ What did you do with my book? 私の本はどうしましたか。

標準 do without ~
~なしですます =go without ~, dispense with ~
❷ ~なしで〈without〉する〈do〉

do away with ~ ~を廃止する =abolish
❷ ~に関しては〈with〉離れたところへ〈away〉処理する〈do〉

発展 make do with ~ ~で間に合わす =make ~ do
❷ ~を使って〈with〉させる〈make do〉
[例文] I made do with sandwiches. サンドイッチでがまんした。
[参考] will do 間に合う

🦆 〈離れて行く〉〈動く〉の go

基礎

go together 釣り合う，調和する

❷ 一緒に〈together〉行く〈go〉

例文 This tie and that jacket go well together.
このネクタイとあのジャケットはよく合う。

go without ～

～なしですませる，がまんする ＝do without ～

❷ ～なしで〈without〉やっていく〈go〉

go along with ～ ～に賛成する

❷ ～と一緒に〈with〉ずっと〈along〉行く〈go〉

例文 I'm afraid I can't go along with you on that point.
残念ながら私はその点ではあなたに同意できません。

標準

go out with ～ ～(人)と交際する ＝go about with ～

❷ ～と一緒に〈with〉出て〈out〉行く〈go〉

go with ～ ❶～と調和する，釣り合う ❷～に同意する

❷ ～と一緒に〈with〉行く〈go〉

参考 go against ～ ～に反する，～の不利になる

発展

go around ❶(うわさ・病気などが)広まる ❷回り道をする

❷ あたりに〈around〉行く〈go〉

例文 ❶ The gossip went around years ago.
そのうわさは数年前に広まった。

go in for ～ ❶～を趣味として楽しむ ❷～に熱中する
❸～に携わる

❷ ～を求めて〈for〉入って〈in〉行く〈go〉

参考 come in for ～ ～をこうむる，(分け前として)～をもらう

go over ～ ❶～を復習する ❷～を調べる

❷ ～を繰り返して〈over〉行く〈go〉

🦆〈来る〉の come

基礎

come across 〜

〜に偶然出会う　=come on 〜, run across 〜

➔ やって来て〈come〉〜と交差する〈across〉

come into view　見えてくる

➔ 視野〈view〉の中に入って〈into〉来る〈come〉

↦ go out of view　見えなくなる

標準

come along　❶現れる　❷(仕事・計画などが)うまく進む

➔ ずっと〈along〉やって来る〈come〉

例文 ❶ Just then the chance came along.
ちょうどそのとき，チャンスが訪れた。

come true　(夢などが)実現する，予期した通りの結果になる

➔ 本当の〈true〉状態に至る〈come〉

come to light　(秘密などが)明るみに出る

➔ 灯火〈light〉の所にまで〈to〉来る〈come〉

come up against 〜　〜(問題・困難など)に直面する

➔ 〜に対して〈against〉向かって〈up〉来る〈come〉

例文 Everyone comes up against death sooner or later.
遅かれ早かれ皆死に直面する。

発展

come by 〜

〜を手に入れる　=lay *one's* hands on 〜, obtain

➔ 〜のそばに〈by〉来る〈come〉

🦆 その他の動詞

基礎

break *one's* word 約束を破る

↔ keep *one's* word 約束を守る
➊ 自分の〈one's〉言葉〈word〉を壊す〈break〉

play a 〜 part in *A*

A において〜な役割を果たす ＝play a 〜 role in *A*
＊〜には形容詞が入る。
➊ *A* において〈in〉〜な役割〈part〉を演じる〈play〉

lay aside 〜 ❶〜(お金など)をたくわえる
❷〜(計画・希望など)をあきらめる

➊ かたわらに〈aside〉〜を横たえる〈lay〉
例文 ❶ I plan to lay aside five dollars each week.
私は毎週5ドル貯蓄するつもりだ。

標準

tell 〜 apart 〜を区別する ＝know 〜 apart

＊目的語は複数形。
➊ 〜を別々にして〈apart〉告げる〈tell〉

cut short 〜 ❶〜を切って短くする,切り上げる
❷〜(人)の話をさえぎる

➊ 〜を切って〈cut〉短く〈short〉する
例文 ❶ A loud noise cut short my nap. 大きな音でうたた寝が中断された。

put an end to 〜 〜を終わらせる ＝make an end of 〜

➊ 〜の方に〈to〉終わり〈end〉を置く〈put〉

発展

put 〜 together 〜を組み立てる

↔ take 〜 to pieces 〜を分解する
➊ 〜を一緒に〈together〉置く〈put〉

drop 〜 a line 〜に手紙を書く ＝write to 〜

➊ 〜に短い手紙〈a line〉を落とす〈drop〉
例文 Drop me a line. ご一報下さい。

🦆 二者関係の動詞

基礎

inform *A* of *B* *A* に *B* を知らせる

❷ *B* について〈of〉*A* に知らせる〈inform〉

例文 I informed him of the accident. 私は彼にその事故のことを知らせた。

remind *A* of *B* *A* に *B* を思い出させる

❷ *A* に *B* について〈of〉思い出させる〈remind〉

例文 This picture reminds me of our holiday.
=When I see this picture, I am reminded of our holiday.
この写真を見るとあの休日のことを思い出す。

標準

rob *A* of *B* *A*(人)から *B*(金品)を奪う

❷ *A*(人)から *B*(金品)を分離して〈of〉奪い取る〈rob〉

例文 He robbed me of my money. 彼は私の金を奪った。

clear *A* of *B*

A(場所)から *B*(邪魔なもの)を取り除く =clear *B* from *A*

❷ *B* を分離して〈of〉*A* をきれいにする〈clear〉

例文 I cleared the road of snow.=I cleared snow from the road.
私は道路の雪を取り除いた。

convince *A* of *B* *A* に *B* を確信させる

❷ *B* について〈of〉*A* に確信させる〈convince〉

例文 He tried to convince me of his innocence.
彼は身の潔白を私に納得させようとした。

基礎

know *A* from *B*

▼ from とともに

A と *B* の区別ができる =can tell *A* from *B*

❷ *A* を *B* から〈from〉見分け知る〈know〉

例文 He never knows fact from fiction.
彼には事実と虚構の区別がつかない。

order *A* from *B* *A* を *B* に注文する

❷ *A* に *B* から〈from〉離れて来るよう命ずる〈order〉

例文 I ordered this suit from France.
私はこのスーツをフランスに注文した。

標準

distinguish *A* from *B* *A* を *B* と区別する

❷ *B* から〈from〉*A* を見分ける〈distinguish〉

例文 Can you distinguish a mouse from a rat ?
あなたはハツカネズミとネズミを見分けられますか。

tell **A** from **B** AとBを区別する =distinguish A from B

❷ A を B から〈from〉見分ける〈tell〉

▼ into とともに

put **A** into **B** ❶A を B の形で表現する
❷A を B の状態にする ❸A を B の中に入れる

❷ A を B の中に〈into〉置く〈put〉

---

talk **A** into **B** A を説得して B させる

↔ talk A out of B A を説得して B をやめさせる
❷ A に話をして〈talk〉B の中に入らせる〈into〉
例文 We talked him into agreement. 私たちは彼を説得して同意させた。

---

be obliged to **A** for **B**

▼ for とともに

A に対して B について感謝している
❷ B の理由で〈for〉A に〈to〉感謝している〈be obliged〉
例文 I'm much obliged to you for your kindness.
ご親切にしていただいてどうもありがとう。

---

thank **A** for **B** B に対して A(人)に感謝する

❷ B のために〈for〉A(人)に感謝する〈thank〉
例文 Thank you for inviting me. 招待してくれてありがとう。
参考 be thankful to A for B B に対して A(人)に感謝している

---

look to **A** for **B** A に B を期待する,あてにする

❷ B を求めて〈for〉A の方に〈to〉目をやる〈look〉
例文 She always looks to me for help.
彼女はいつも私の援助をあてにしている。

---

substitute **A** for **B** A を B の代わりに用いる

❷ B の代わりに〈for〉A を代用する〈substitute〉
例文 I often substitute margarine for butter.
私はバターの代わりにマーガリンをよく使う。

---

take **A** for **B** A を B と間違える =mistake A for B

❷ A を B だとして〈for〉取る〈take〉
参考 take ～ for granted ～を当然と思う

動詞・準動詞で覚える

call on *A* for *B* *A* に *B* を求める =look to *A* for *B*

❷ *B* を求めて〈for〉*A* に〈on〉声をかける〈call〉

例文 I called on him for his support. 私は彼に支持を求めた。

supply *A* with *B*

▼ with とともに

A に *B* を供給する =supply *B* to〔for〕*A*

❷ *B* でもって〈with〉*A* に供給する〈supply〉

例文 China supplies us with vast quantities of tea.
中国は多量の茶を私たちに供給している。

provide *A* with *B* *A* に *B* を供給する =provide *B* for *A*

❷ *B* でもって〈with〉*A* に与える〈provide〉

例文 Sheep provide us with wool. 羊は私たちに羊毛を供給してくれる。

present *A* with *B* *A* に *B* を贈る =present *B* to *A*

❷ *B* でもって〈with〉*A* に贈る〈present〉

例文 He presented her with a watch. 彼は彼女に時計を贈った。

associate *A* with *B* *A* で *B* を連想する，思い出す

❷ *A* を *B* と一緒に〈with〉結びつける〈associate〉

例文 I associate strawberries with shortcakes.
私はイチゴを見るとショートケーキを連想する。

furnish *A* with *B* ❶ *A* に *B* を取りつける

❷ *A* に *B* を供給する =supply *A* with *B*

❷ *B* でもって〈with〉*A* に備えつける〈furnish〉

identify *A* with *B* *A* を *B* と同一視する

❷ *B* でもって〈with〉*A* を同一物であると認める〈identify〉

参考 be identified with ～ ～に共感する

devote *A* to *B*

▼ to とともに

A を *B* にささげる =dedicate *A* to *B*

❷ *A* を *B* に対して〈to〉ささげる〈devote〉

例文 He devotes his energies to the work.
彼は精力をその仕事に傾けている。

参考 devote *oneself* to ～＝be devoted to ～ ～に専念する

標準

owe *A* to *B*　*A* のことで *B* のおかげをこうむっている

❷ *B* に対して〈to〉*A* を借りている〈owe〉
例文 I owe my success to you.　私が成功したのはあなたのおかげです。

---

bring *A* home to *B*　*B* に *A* を痛感させる

❷ *B* に〈to〉*A* を胸にこたえるほど〈home〉持ってくる〈bring〉
例文 He brought the truth home to me.
彼は私に真理を痛感させた。

---

hand over *A* (to *B*)　(*B* に)*A* を手渡す，引き渡す

❷ 向こう〈over〉の *B* に〈to〉*A* を手渡す〈hand〉
参考 hand in ～　～を提出する　　hand out ～　～を配る

発展

put *A* down to *B*

A を *B* のせいにする　=attribute *A* to *B*
❷ *A* を下方〈down〉の *B* に〈to〉置く〈put〉
例文 His failure was put down to his ill health.
彼が失敗したのは不健康のせいだとされた。

基礎

▼その他の前置詞とともに

look on *A* as *B*　*A* を *B* とみなす　=regard *A* as *B*

❷ *B* として〈as〉*A* の上に〈on〉目をやる〈look〉
例文 I looked on him as the boss.　私は彼をボスとみなした。

---

aim *A* at *B*　*B* に *A*(銃など)を向ける

❷ *B* をめがけて〈at〉*A* を向ける〈aim〉
参考 aim at ～　～をねらう

標準

concentrate (*A*) on *B*

(*A* を)*B* に集中する　=focus (*A*) on *B*
B に専念する
❷ (*A* を)*B* の上に〈on〉集める〈concentrate〉

---

spend *A* on *B*　*A* を *B* に使う

❷ *A* を *B* の上に〈on〉費やす〈spend〉
例文 He spends most of his money on books.
彼は大部分のお金を本に使う。
参考 spend *A* (in) *doing*　～するのに *A* を使う

🦆 doing を含む熟語

feel like *doing* ～したい(気がする)
> ～のような〈like〉気持ちがする〈feel〉
> 例文 I don't feel like going out right now.　私は今は外へ出たくない。

be busy (in) *doing* ～するのに忙しい
> ～すること〈doing〉において〈in〉忙しい〈be busy〉

be accustomed to *doing*
～することに慣れている　=be used to *doing*
> ～に〈to〉慣れさせられている〈be accustomed〉

be capable of *doing*
～することができる　=be able to *do*
↔ be incapable of *doing*　～することができない
> ～することに関しては〈of〉能力がある〈be capable〉

be in the habit of *doing* ～するくせがある
> ～という〈of〉くせ〈habit〉の中に〈in〉いる〈be〉
> 参考 fall into a bad habit　悪いくせがつく

have difficulty (in) *doing*
～するのに苦労する　=have trouble (in) *doing*
> ～すること〈doing〉において〈in〉困難〈difficulty〉を持つ〈have〉

of *one's* own *doing* 自分自身で～した
> 自分自身の〈one's own〉～すること〈doing〉から成る〈of〉
> 例文 This is a handbag of her own making.
> これは彼女が自分で作ったハンドバッグです。

cannot help *doing*
～せずにはいられない
=cannot but *do*, cannot help but *do*
> ～すること〈doing〉を避け〈help〉られない〈cannot〉
> 例文 I could not help laughing.　私は笑わずにはいられなかった。

73

run the risk of *doing* ～するという危険を冒す

→ ～する〈doing〉という〈of〉危険〈risk〉を追う〈run〉

例文 He ran the risk of being punished.
　　彼は処罰されることを承知でやった。

keep *A* from *doing*

A に～させない(ようにする)　=prevent *A* from *doing*

→ *A* を～から〈from〉離して保つ〈keep〉

例文 Illness kept him from going to school for a week.
　　病気のため彼は1週間学校に行けなかった。

prohibit *A* from *doing*　❶ *A* が～するのを禁止する
　❷じゃまをして *A* が～できなくする

→ ～すること〈doing〉から〈from〉 *A* を禁止する〈prohibit〉

例文 ❷ What prohibited you from writing me ?
　　どうして手紙をくれなかったの。

look forward to *doing* ～するのを楽しみにする

→ 前方〈forward〉の～の方に〈to〉目を向ける〈look〉

come near (to) *doing*

もう少しで～しそうになる　=almost, nearly

→ ～すること〈doing〉の近くに〈near〉来る〈come〉

be on the point of *doing*

まさに～しようとしている　=be about to *do*

→ ～する〈doing〉という〈of〉地点〈the point〉に接して〈on〉いる〈be〉

🦆 to do を含む熟語

基礎

can afford to do ～する余裕がある
➔ ～するほどの〈to do〉余裕があり〈afford〉うる〈can〉
例文 I can afford to buy a new car.
私には新しい自動車を買う余裕がある。

used to do （以前は）～したものだ
➔ ～するために〈to do〉常用した〈used〉
例文 I used to go to school with him.
私は彼と一緒に学校へ行ったものだった。
参考 be used to doing ～することに慣れている

have only to do ～しさえすればよい
➔ ～しなければならない〈have to do〉だけ〈only〉だ
例文 You have only to stay here. あなたはここにいさえすればいい。
＝All you have to do is (to) stay here.

make it a rule to do
～することにしている
＝be in the habit of doing, make it a practice to do
➔ ～すること〈it＝to do〉を規則〈rule〉にする〈make〉

take the trouble to do わざわざ～する
➔ ～する〈to do〉骨折り〈trouble〉を取る〈take〉
例文 I took the trouble to drive her home.
わざわざ彼女を車で家まで送った。
参考 do not bother to do わざわざ～はしない

do well to do ～するのがよい
➔ ～すること〈to do〉を当然のこととして〈well〉する〈do〉
例文 You will do well to keep silent. 黙っているのがよろしいでしょう。
参考 do well うまくいく，成績がよい

be about to do （まさに）～しようとしている
➔ ～すること〈to do〉の近くに〈about〉いる〈be〉
参考 be going to do ～しようとしている，～するつもりだ
＊ be about to do の方が be going to do より差し迫った未来を表す。

be willing to do 快く～する ＝be ready to do
➔ ～すること〈to do〉を望んでいる〈be willing〉
例文 I am willing to help you. 喜んであなたのお手伝いをしましょう。
↔ be unwilling to do ～する気になれない

be free to *do* 自由に~することができる

➔ ~するのに〈to *do*〉自由である〈be free〉
参考 feel free to *do* 遠慮なく~する

be eager to *do*

しきりに~したがっている =be dying to *do*
➔ ~すること〈to *do*〉を切望している〈be eager〉

be supposed to *do* ❶~することになっている
❷~すると思われている

➔ ~する〈to *do*〉と考えられている〈be supposed〉
*❶の意味では否定形(~してはいけないことになっている)でも頻出。

be apt to *do* ❶~しがちである ❷~しそうである

➔ ~する〈to *do*〉傾向がある〈be apt〉
例文 ❶ A careless person is apt to make mistakes.
不注意な人は間違いを犯しやすい。

be likely to *do* ~しそうである

➔ ~するのは〈to *do*〉ありそうだ〈be likely〉
例文 He is likely to live to ninety. 彼は90歳まで生きられそうだ。
=It is likely that he will live to ninety.

be forced to *do* ~せざるをえない

➔ ~することを〈to *do*〉強制される〈be forced〉
例文 I was forced to sign the papers.
私は無理やり書類に署名させられた。

be reluctant to *do*

~したがらない =be unwilling to *do*
➔ ~するのに〈to *do*〉気が進まない〈be reluctant〉
例文 He is reluctant to join us.
彼は私たちの仲間になるのをいやがっている。

go so far as to *do* ~しさえする

➔ ~する〈to *do*〉ほどまで遠く〈so far as〉行く〈go〉
例文 He went so far as to say that I was a liar.
彼は私をうそつきだとさえ言った。

Part III

名詞や形容詞などで覚える

🦆 all を用いた表現

at all
❶[否定文で]**全く(~でない)**　❷[if とともに]仮にも
❸[疑問文で]いったい　❹[肯定文で]とにかく

➡ 全部〈all〉で〈at〉

例文 ❶ I don't know him at all.　私は彼を全く知らない。

after all　(意図・予想などに反して)結局

➡ 全部〈all〉のあと〈after〉の結果

例文 He said he would not come, but he came after all.
彼は来ないと言ったが,結局来た。

first of all　(何よりも)まず第一に

➡ すべて〈all〉の中で〈of〉一番〈first〉
＊first の強意形。

with all ~　~にもかかわらず　=for all ~, in spite of ~

➡ ~をすべて〈all〉持っている〈with〉けれど

by all means　❶ぜひどうぞ　❷ぜひとも,必ず

➡ あらゆる〈all〉手段〈means〉によって〈by〉

例文 ❶ "May I use the telephone?" "By all means!"
「電話を借りてもいいですか」「どうぞ」

for good (and all)　❶永久に　=for ever, for always
❷これを最後に

➡ 望ましいもの〈good〉を求めて〈for〉そして〈and〉同時にすべて〈all〉に代えて

all at once　突然　=suddenly, all of a sudden

➡ 全く〈all〉いきなりに〈at once〉

above all (things)

とりわけ　=most of all, among other things
➡ すべて〈all〉の上に〈above〉

all the same (to ～)

❶それでもやはり　=nevertheless
❷(～にとって)どうでもよい　=all one to ～
➡ まったく〈all〉同じ〈the same〉だけれどもそれでも
例文 ❶ Thank you all the same.　ともかく，ありがとう。

all but ～　❶ほとんど～　=almost ～, as good as ～
　　　　　　❷～を除いて皆
➡ ～を除いて〈but〉すべて〈all〉
例文 ❶ He is all but dead.　彼は死んだも同然だ。

once (and) for all　これを最後に，きっぱりと

➡ 一度〈once〉そして〈and〉それが全部〈all〉の代わりに〈for〉

🦆 each/another/other を用いた表現

each other　(2者間で)お互い

➡ おのおの〈each〉のもう一方の人〈other〉
参考 one another　(3者以上の間で)お互い
＊副詞ではなく代名詞であることに注意。

every other day

一日おきに，二日毎に　=every second day
➡ その日と別の〈other〉日〈day〉毎に〈every〉

in other words　言い換えれば　=that is (to say)

➡ 他の〈other〉言葉〈words〉で〈in〉
参考 in so many words　はっきりと

one after another

(3つ以上のものが)次々に　=in succession
➡ 一つ〈one〉の後に〈after〉また一つ〈another〉
例文 All the visitors returned home one after another.
　　客は皆，次々と帰宅していった。

🦆 〈道〉〈方法〉の way

基礎
have *one's* own way　自分のしたいようにする
　❸ 自分自身だけの〈one's own〉道〈way〉を持つ〈have〉
　[例文] He had his own way in everything.
　　　　彼は何事につけても自分の思い通りにした。

lose *one's* way　道に迷う
　❸ 自分の〈one's〉道〈way〉を失う〈lose〉

make *one's* way　❶(苦労して)進む　❷成功(出世)する
　❸ 自分の〈one's〉道〈way〉を作る〈make〉

標準
give way to ～　～に屈する，負ける．取って代わられる
　❸ ～に対して〈to〉道〈way〉を与える〈give〉
　[例文] Don't give way to grief.　悲しみに負けるな。

go out of *one's* way to *do*
　わざわざ～する　=take the trouble to *do*
　❸ ～するために〈to *do*〉自分の〈one's〉道〈way〉から〈out of〉出て行く〈go〉

発展
go a long way (toward *doing*)
　(～するのに)大いに役立つ
　❸ 長い道〈a long way〉を行く〈go〉
　[例文] This goes a long way toward solving the problem.
　　　　これはその問題解決に大いに助けになる。

標準
▼前置詞とともに
(in) one way or another
　❶何とかして，あれこれと　❷いずれにしても
　❸ 一つの〈one〉方法〈way〉で〈in〉あるいは〈or〉また別の方法〈another〉で

by way of ～　❶～経由で　=via　❷～のつもりで
　❸ ～の〈of〉道〈way〉を使って〈by〉
　[例文] ❷ I said so by way of a joke.　冗談のつもりでそう言ったのだ。

in the way of 〜 〜のじゃまをして

❷ 〜の〈of〉通る道〈the way〉の中に〈in〉

参考 in one's own way 〜の思う通りに，〜なりに

in a way ❶ある意味では ＝in a sense ❷ある程度

❷ ある点〈a way〉で〈in〉

under way 進行中で ＝in progress

❷ 道のり〈way〉の途中で〈under〉

例文 Preparations are under way. 目下準備中。

参考 under construction 建設中　under discussion 審議中

🦆〈時間〉の time と時を表す表現

in time for 〜 〜に間に合って

❷ 〜のための〈for〉時間〈time〉内に〈in〉

参考 in time to do 〜するのに間に合って

↔ late for 〜 〜に遅れて

at a time 一度に

❷ 一時〈a time〉に〈at〉

例文 He went up the stairs two at a time.
彼は階段を一度に2段ずつ上がった。

kill time 時間をつぶす

❷ 時間〈time〉をだめにする〈kill〉

before long まもなく ＝soon

❷ 長い時間〈long〉の前に〈before〉

参考 it is not long before SV ほどなくSがVする

right away ただちに =at once, right now
  ⭕ まさに〈right〉すぐに〈away〉

at any moment 今にも, いつなんどき(でも)
  ⭕ どんな〈any〉瞬間〈moment〉に〈at〉でも
  例文 It may rain at any moment.　いつ雨が降るかもしれない。

behind time (予定より)遅れて =behind schedule
  ⭕ 定刻〈time〉に遅れて〈behind〉
  ↔ ahead of time　定刻前に
  参考 behind the times　時流に遅れて

on time 時間どおりに =punctually, at the appointed time
  ⭕ 決められた時刻〈time〉と同時に〈on〉
  参考 in time (for ~)　(~に)間に合って

to the minute (1分も違わず)きっかり
  ⭕ 分の単位〈the minute〉までも〈to〉
  参考 to a man=to the last man　一人残らず

once in a while
  ときどき
  =sometimes, occasionally, now and then, from time to time
  ⭕ 一時〈a while〉のうちに〈in〉一度〈once〉

off and on ときどき, 断続的に
  =on and off, at times, at intervals, now and again
  ⭕ 離れたり〈off and〉くっついたり〈on〉

so far 今までのところ
  ⭕ それくらい〈so〉の距離を来たところでは〈far〉
  参考 as yet　[否定的な文脈で]今までのところ

🦆〈自身〉の *oneself*

基礎 for *oneself* 独力で，自分で

❷ 自分自身〈oneself〉のためになるように〈for〉
例文 Look into it for yourself. 自分でそれを調べなさい。
参考 by *oneself* ひとり（ぼっち）で　　in *oneself* それ自体では，元来

標準 beside *oneself* われを忘れて，狂喜して，怒りに逆上して

❷ 意識が自分の体〈oneself〉をはずれて〈beside〉

▼動詞とともに

基礎 make *oneself* at home くつろぐ

❷ 自分自身〈oneself〉を家にいる〈at home〉ようにする〈make〉
例文 Please make yourself at home. どうぞ楽にしてください。

標準 make *oneself* understood
自分の言うことを理解してもらう

❷ 自分の言うこと〈oneself〉が理解される〈understood〉ようにする〈make〉
例文 Can you make yourself understood in English ?
英語で話が通じますか。
参考 make *oneself* heard 自分の言い分を聞いてもらう

give *oneself* (up) to ～ ～に没頭する

❷ 自身を〈oneself〉すっかり〈up〉～に〈to〉与える〈give〉
参考 be given to ～ ～にふける，～のくせがある

keep ～ to *oneself*

❶～を人に話さないでおく ↔ give away ～ ～（秘密など）をもらす
❷～を独占する ＝have ～ to *oneself*
❷ ～を自分自身〈oneself〉に対して〈to〉保つ〈keep〉

avail (*oneself*) of ～ ～を利用する ＝make use of ～

❷ ～に関して〈of〉自分自身〈oneself〉に役立てる〈avail〉
例文 He availed himself of every opportunity to improve his English.
彼は英語が上達するようにあらゆる機会を利用した。

bring *oneself* to *do*

[否定文・疑問文で用いられて]～する気になる
❷ ～する方向に〈to *do*〉自分自身〈oneself〉を連れてくる〈bring〉
例文 They could not bring themselves to adopt a child.
彼らは養子をもらう気にはなれなかった。

help *oneself* to ～   ～を自由に取って食べる

➡ 自分自身〈oneself〉を手伝って〈help〉～まで〈to〉至る

pride *oneself* on ～

～を自慢する　＝take pride in ～, be proud of ～, boast of ～
➡ ～について〈on〉自ら〈oneself〉を自慢する〈pride〉

🦆身体の一部を用いた表現

live from hand to mouth   その日暮らしをする

➡ 貯えをせずに手〈hand〉から〈from〉口〈mouth〉への〈to〉生活をする〈live〉
参考 live by one's wits
　　まじめに働かずうまく世渡りしてその日を何とか暮らしていく

- - -

shake hands with ～   ～と握手する

➡ ～と一緒に〈with〉手と手〈hands〉を振る〈shake〉
＊hands と複数形になることに注意。

- - -

hand in hand (with ～)

(～と)手を取り合って，協力して
➡ 手〈hand〉の中に〈in〉手〈hand〉を

- - -

at hand ❶手近に ❷近い将来に

➡ 手〈hand〉のところに〈at〉
例文 ❷ Summer vacation is near at hand.　夏休みはもうすぐだ。
参考 on hand　手持ちの　＝available

at first hand   直接に

➡ 一番目の〈first〉手〈hand〉に〈at〉
↔ at second hand　間接に

標準

keep an eye on ～

～を注意深く監視する，～に目をつけている　=have an eye to ～

● ～の上に〈on〉視線〈eye〉を保つ〈keep〉

発展

have an eye for ～　～を見分ける力がある

● ～のための〈for〉目〈an eye〉を持っている〈have〉

参考 have an ear for ～　～を聞き分ける力がある

see eye to eye with *A* on *B*

B で *A*(人)と意見がぴったり合う

● *B* のことで〈on〉*A* と〈with〉目〈eye〉と目〈eye〉を相合わせて〈to〉見る〈see〉

標準

lose *one's* face　面目を失う

● 自分の〈*one's*〉メンツ〈face〉を失う〈lose〉

参考 save *one's* face　面目を保つ

face to face　面と向かって，直面して

● 顔〈face〉に対して〈to〉顔〈face〉を

例文 We stood face to face with death.　私たちは死に直面した。

発展

make faces　しかめっつらをする　=pull faces

● さまざまな顔つき〈faces〉をする〈make〉

参考 a long face　浮かぬ顔

標準

lie on *one's* back　あお向けに寝る

● 自分の〈*one's*〉背中〈back〉を支点に〈on〉横になる〈lie〉

↔ lie on *one's* stomach　うつぶせに寝る

発展

behind *one's* back　～のいない所で，陰で

● ～の〈*one's*〉背中〈back〉の後ろで〈behind〉

↔ to *one's* face　～に面と向かって

標準

▼その他の部位

hold *one's* breath 息をひそめる

❷ 自分の〈*one's*〉息〈breath〉を留めておく〈hold〉

参考 lose *one's* breath 息を切らす

keep 〜 in mind 〜を心にとめる

❷ 〜を心の中に〈in mind〉保つ〈keep〉

↔ get 〜 off *one's* mind 〜を忘れる

例文 I'll keep your help in mind. あなたのご援助は忘れません。

learn 〜 by heart 〜を暗記する

❷ 心〈heart〉によって〈by〉〜を学ぶ〈learn〉

発展

poke *one's* nose into 〜 〜に干渉する

❷ 〜に〈into〉自分の〈*one's*〉鼻〈nose〉をつっこむ〈poke〉

参考 pay through the nose 法外な代価を払う

lead 〜 by the nose 〜を思うままにする

make head or tail of 〜

[通例否定文で]〜を理解する ＝make sense of 〜

❷ 〜の〈of〉頭〈head〉か〈or〉尾〈tail〉かを理解する〈make〉

例文 I cannot make head or tail of it. それは何が何だかわからない。

have a sweet tooth 甘いものが好きだ

❷ 甘い〈sweet〉歯〈tooth〉を持つ〈have〉

参考 take the teeth out of 〜 〜を弱める，骨抜きにする

be all thumbs 全く不器用だ

❷ すべての指が動きの鈍い親指〈thumbs〉ばかり〈all〉だ〈be〉

参考 give 〜 the thumbs down 〜に不同意の意を示す

have a green thumb 園芸の才がある

on the tip of tongue 口に出かかって

❷ 舌〈tongue〉の〈of〉先〈the tip〉にかかって〈on〉

参考 hold *one's* tongue 黙る

tongue twister 早口言葉

🦆 〈良否〉〈善悪〉の good/ bad/ wrong

標準
make good (〜) ❶成功する ❷〜を果たす
> ❸ 満足のいく〈good〉ようにする〈make〉
> [例文] ❶ He will make good in that job. 彼はその仕事で成功するだろう。
> ❷ They made good their promise. 彼らは約束を果たした。

hold good 有効である =stand good, be valid, be effective
> ❸ 有効な状態〈good〉を保つ〈hold〉

発展
in good shape 体の調子が良く =in good form
> ❸ 良い〈good〉調子〈shape〉の状態に〈in〉
> ↔ out of shape 不調で =out of sorts
> [参考] in good spirits 上機嫌で

▼ bad/ wrong

基礎
be wrong with 〜 〜の具合が悪い
> ❸ 〜に関しては〈with〉不適切である〈be wrong〉
> [例文] What's wrong with you? どうしたのですか。

be in the wrong 誤っている =be wrong
> ❸ 不適切〈the wrong〉の状態の中に〈in〉いる〈be〉
> ↔ be in the right 正しい

標準
go bad (食品が)腐る
> ❸ 悪い状態に〈bad〉行く〈go〉

発展
go wrong ❶(事が)うまくいかない ❷故障する ❸堕落する
                  ❹間違える
> ❸ 不適切に〈wrong〉なる〈go〉
> [例文] ❷ This engine went wrong. このエンジンは動かなくなった。

get 〜 wrong 〜を誤解する =misunderstand
> ❸ 〜を間違って〈wrong〉取る〈get〉
> ↔ get 〜 right 〜を正しく理解する

🦆 比較（原級・比較級・最上級）を用いた表現

基礎

do *one's* best 最善を尽くす

> ⊙ 自分の〈one's〉最善〈best〉を果たす〈do〉
>
> 例文 He did his best never to think of her.
> 彼は二度と彼女のことは考えまいと精一杯努力した。

---

at best よくても，せいぜい

> ⊙ 最良〈best〉でも〈at〉
> ↔ at worst 悪くても

---

at least 少なくとも =not less than ~

> ⊙ 最少〈least〉でも〈at〉
> ↔ at most=not more than ~ 多くとも

---

more or less 多かれ少なかれ

> ⊙ より多い〈more〉か〈or〉より少ない〈less〉か

---

much less ~ ［否定文に続けて］まして～でない =still less ~

> ⊙ ずっと〈much〉むしろ～ではない〈less〉
> 参考 much more ~ ［肯定文に続けて］まして～だ

---

as ~ as possible できるだけ～ =as ~ as *one* can

> ⊙ 可能である〈possible〉のと同じだけ〈as～as〉

---

as good as ~ ～も同然 =almost, nearly

> ⊙ ～と同じくらい〈as…as〉よい〈good〉
> 例文 It looks as good as new. それは見たところ新品同様だ。
> 参考 no better than ~=as bad as ~ ～も同然

標準

be superior to ~ ～よりすぐれている

> ⊙ ～に比べて〈to〉すぐれている〈be superior〉
> ↔ be inferior to ~ ～より劣っている
> ＊前置詞 to がねらわれる。

to say the least (of it) 控え目に言っても

❷ そのこと〈it〉について〈of〉最小限のこと〈the least〉を言うと〈to say〉

sooner or later 遅かれ早かれ

❷ もっと早い〈sooner〉か〈or〉もっと遅い〈later〉か

know better than to *do* ～するほどばかではない

❷ ～すること〈to do〉よりも〈than〉もっと良いこと〈better〉を知っている
〈know〉

think better of ～

考え直して～をやめる，～(人)を見直す
❷ ～について〈of〉もっと良く〈better〉考える〈think〉

get the better of ～　❶～を負かす　=defeat
❷～の裏をかく　=outwit

❷ ～から〈of〉もっとよいもの〈the better〉を得る〈get〉

for better or (for) worse

よかれあしかれ　=for good or ill
❷ もっと良い状態〈better〉に向かって〈for〉いても，あるいは〈or〉もっと悪
い状態〈worse〉に向かっていても

what is more さらに，そのうえ，おまけに

❷ もっと多い〈is more〉こと〈what〉には

more often than not たいてい(半分以上は)

❷ ない〈not〉というより〈than〉むしろ〈more〉しばしば〈often〉
[参考] as often as not　たいてい(半分程度は)

🦆 as を用いた表現・熟語

such *A* as *B*   *B* のような *A* =*A* such as *B*

⊃ *B* と同じような〈as〉そんな〈such〉*A*

例文 Such beauty as hers is rare.   彼女のような美しさはまれだ。

---

as such ❶そういうものとして ❷それ自体で

⊃ そのようなもの〈such〉として〈as〉

例文 ❷ Money, as such, does not always bring happiness.
お金はそれ自体では必ずしも幸福をもたらすとは限らない。

A as well as *B*   *B* と同様に *A* も =not only *B* but also *A*

⊃ *A* が *B* と同じくらい〈as～as〉よく〈well〉
＊動詞の人称・数は *A* で決定。

not so much *A* as *B*   *A* というよりはむしろ *B*

=less *A* than *B*, more *B* than *A*, *B* rather than *A*

⊃ *B* ほどには〈so…as〉多く〈much〉*A* ではない〈not〉

例文 He is not so much a teacher as a scholar.
彼は教師というより学者だ。

---

as yet

［否定的な文脈で］(やがてそうでなくなるが) 今までのところは

⊃ 今なお〈yet〉そうであるように〈as〉

例文 As yet we have not heard from him.
今までのところ彼からは便りがない。

参考 so far 今までのところ

---

as for ～

［通常文頭で用いて］～について言えば，～に関する限りでは

⊃ ～に関する〈for〉限りでは〈as〉

例文 As for me, I have nothing to complain of.
私としては，不平はありません。

---

as it is ❶［文尾で］そのままで，［目的語の後で］そのままの
❷［文頭・文中で］実際のところは ❸［文中・文尾で］現状では

⊃ それが〈it〉ある〈is〉ように〈as〉

例文 ❶ I'll take it away as it is.   それはそのまま持って帰ります。

as it were いわば =so to speak

⊃ それが〈it〉おそらくある〈were〉ように〈as〉

名詞や形容詞などで覚える

may as well *do* ~した方がよい =had better *do*

❷ ~しないのと~するのは同じくらい〈as〉道理にかなっている〈well〉かもしれない〈may〉

例文 You may as well begin at once.　すぐに始める方がよい。

as well ❶その上 =in addition, besides
❷~もまた =too, also

❷ (~と)同じほど〈as〉よく〈well〉

- -

as to ~ ❶~について =about
❷[文頭で]~に関して言えば =as for ~

❷ ~の方向〈to〉としては〈as〉

- -

as far as I know
私の知る限り　=to the best of my knowledge

❷ 私が(I)知っている〈know〉のと同じくらい〈as ~ as〉の程度に〈far〉

▼ as ＋名詞

as a matter of fact 実際は

❷ 事実〈fact〉の〈of〉ことがら〈matter〉として〈as〉

参考 as a matter of course　当然のこととして

as a whole 全体として，[名詞の後で]全体としての

❷ 全体〈a whole〉として〈as〉

- -

as a result その結果(として)

❷ 結果〈result〉として〈as〉

参考 without result　むなしく

- -

as a rule 通例，原則として =usually, generally

❷ 規則〈rule〉として〈as〉

例文 As a rule I go to bed at ten.　通例私は 10 時に寝ます。

🦆 only/if を用いた表現

基礎
not only A but also B

A ばかりでなく B も　=B as well as A
➡ A だけ〈only〉ではなくて〈not … but〉B もまた〈also〉
＊動詞の人称・数は B で決定。

標準
only too 〜　=all too 〜, but too 〜

❶この上なく〜　❷残念ながら〜
➡ ただあまりに〜すぎる〈too〉だけ〈only〉
[例文] ❷ The news is only too true.　そのニュースは残念ながら本当です。

if only 〜　〜しさえすればなあ

➡ もし〈if〉〜するだけ〈only〉で(いいのに)
[例文] If only it would stop raining!　雨がやみさえすればいいのに。

few, if any　たとえあるにしても(数が)少ししかない

➡ たとえ〈if〉いくらかある〈any〉にしても少ししかない〈few〉
[例文] There are few trees, if any.　木は、たとえあっても少ししかない。
[参考] little, if any　たとえあるにしても(量が)少ししかない

発展
if anything　どちらかと言えば、強いて言えば

➡ たとえ〈if〉何か〈anything〉あるとしても
[参考] like anything　激しく、たいへん(very much)

🦆 数量・頻度・程度を表す熟語

基礎
a (large) number of 〜　多数の〜　=many

➡ ある〈a〉数〈number〉の〈of〉
[参考] the number of 〜　〜の数[単数扱い]

a good deal of 〜　(かなり)大量の〜　=much

➡ 〜の〈of〉かなりの〈good〉量〈deal〉

　名詞や形容詞などで覚える

think much of ～　～を重んじる　=think highly of ～

↔ think little of ～　～を軽んじる
❷ ～のことについて〈of〉たくさん〈much〉考える〈think〉
例文 I don't think much of this plan.　この計画はあまりよいとは思わない。

---

quite a few ～　かなりの数の～　=not a few ～

❷ （控え目な表現で）全く〈quite〉少数の〈a few〉～ですが
参考 quite a little ～=not a little ～　かなりの量の～

---

something of a ～　ちょっとした～，かなりの～

❷ ～の〈of a～〉何かあるもの〈something〉
例文 He is something of a musician.　彼はちょっとした音楽家だ。
参考 much of a ～　大した～

make much of ～　～を重んじる

❷ ～から〈of〉多くのもの〈much〉を作る〈make〉
参考 make nothing of ～　～をものともしない

see much of ～　～にしばしば会う

❷ ～に関して〈of〉多く〈much〉見る〈see〉
参考 see nothing of ～　～に全然会わない
　　 see little of ～　～にあまり会わない
　　 see something of ～　～にときどきは会う

---

ten to one　十中八九は，おそらく　=in nine cases out of ten

❷ 10〈ten〉対〈to〉1〈one〉で

---

for the most part　たいていは　=mostly

❷ 大部分〈the most part〉については〈for〉

---

a host of ～　たくさんの～　=a great number of ～

❷ ～の〈of〉大群〈a host〉

🦆〈否定〉の no/ not/ nothing/ none

基礎
have no idea わからない =do not know

❍ 考え〈idea〉を全く持って〈have〉いない〈no〉
例文 I have no idea where to look.
どこに目をやったらいいのかわからない。

---

no more

（量・程度について）もはや～しない，今後二度と～しない
=not ~ any more
❍ これ以上多く〈more〉は決して～しない〈no〉
例文 I saw her no more.　私は彼女にはもう二度と会わなかった。

標準
by no means 決して～でない

❍ どんな手段〈means〉によっても〈by〉～でない〈no〉
参考 by all means　ぜひとも

発展
make no difference
どうでもよい，大して重要でない
❍ 全く〈no〉違い〈difference〉を作ら〈make〉ない
例文 That makes no difference.　それはどちらでも同じことだ。
参考 make a large difference　大きな相違を生じる

---

no longer もうこれ以上～ない，（今では）もう～でない

=not ~ any longer
❍ これ以上長く〈longer〉はない〈no〉
例文 I will no longer stay here.　私はこれ以上ここにはいないつもりだ。

---

be no match for ~ ～にはかなわない

❍ ～に対しては〈for〉全く匹敵しない〈be no match〉
例文 I am no match for him.　私は彼にはかなわない。
参考 I am more than a match for him.　私は彼より上手である。

▼ not

標準
not to speak of ~ ～は言うまでもなく

=to say nothing of ~, not to mention ~
❍ ～について〈of〉話すこと〈to speak〉なく〈not〉
参考 not to say ~　～とは言わないまでも

---

not ~ in the least 全く～でない =not ~ at all

❍ 最少量〈the least〉においても〈in〉～でない〈not〉
例文 I did not in the least expect to find him there.
彼をそこでみつけようとは私は少しも予期しなかった。

94　　名詞や形容詞などで覚える

cannot *do* too … いくら〜しても…すぎることはない

➲ …すぎるほど〈too〉〜することはありえない〈cannot〉

例文 I can't thank you too much.　いくら感謝してもしすぎることはない。

not 〜 on any account

決して〜しない　=on no account

➲ いかなる〈any〉理由〈account〉に基づいても〈on〉〜しない〈not〉

▼ nothing/ none

do nothing but *do* 〜してばかりいる

➲ 〜する〈do〉以外に〈but〉する〈do〉ことは何もない〈nothing〉

例文 He does nothing but cry all day.　彼は一日中泣いてばかりいる。

have nothing to do with 〜

〜とは全く関係がない

➲ 〜に関しては〈with〉するべき〈to do〉何ものも持たない〈have nothing〉

参考 have much to do with 〜　〜と大いに関係がある
　　have little to do with 〜　〜とほとんど関係ない

for nothing ❶ただで =free of charge ❷無益に =in vain

➲ 何ものとも〈nothing〉引き換えないで〈for〉

参考 go for nothing　無駄になる

to say nothing of 〜 〜は言うまでもなく

➲ 〜については〈of〉言う〈say〉ことが何もなくて〈nothing〉

参考 to say the least (of it)　控え目に言っても

nothing but 〜 ❶〜にすぎない =only ❷〜にほかならない

➲ 〜以外〈but〉の何ものでもない〈nothing〉

参考 anything but 〜　〜どころではない　=far from 〜

leave nothing to be desired 申し分がない

➲ 望まれるべき〈to be desired〉何も〈nothing〉残していない〈leave〉

参考 leave much to be desired　不満な点が多い，物足りない

second to none 誰にも負けない =inferior to no one

⊘ 誰に〈none〉対しても〈to〉二番目〈second〉になることはない

---

none too ~

[形容詞・副詞を伴って]あまり~でない =not very ~
⊘ 一つも〈none〉~すぎる〈too〉ことはない
[参考] only too ~ この上なく~, 残念ながら~

---

let alone ~

▼その他の否定

[通例否定文の後で]ましてや~(ではない), ~は言うまでもなく
⊘ ~を孤立状態に〈alone〉させておく〈let〉
[例文] I don't have a cent, let alone a dollar.
私は1ドルどころか, 1セントも持っていない。

---

except for ~ ~を除けば =aside from ~

⊘ ~に関して〈for〉以外は〈except〉
[例文] Except for me, everyone was tired. 私を除けば皆疲れていた。

---

but for ~

❶~がなければ =if it were not for ~ =without ~
❷~がなかったら =if it had not been for ~ =without ~
⊘ ~のため〈for〉を除けば〈but〉

---

far from ~ 決して~でない

⊘ ~から〈from〉ほど遠い〈far〉
[例文] He is far from honest. 彼は全く正直どころではない。

---

from nowhere どこからともなく

⊘ どこにもない所〈nowhere〉から〈from〉
[参考] get ~ nowhere ~(人)にとって何の役にも立たない

---

regardless of ~ ~に関係なく

⊘ ~に関しては〈of〉無頓着に〈regardless〉
[参考] in disregard of ~ ~を無視して

Part Ⅳ

会話で使う表現など

♪ 前置き表現

基礎

in fact 実際は ＝actually, really
 ● 実際〈fact〉において〈in〉

to be sure 確かに ＝for sure, for certain
 ● 確かである〈be sure〉こと〈to〉だが

to begin with まず第一に ＝in the first place
 ● (〜)で〈with〉始めると〈to begin〉

to tell the truth 実を言えば
 ● 真実〈the truth〉を告げると〈to tell〉

speaking of 〜 〜のことと言えば
 ● 〜について〈of〉しゃべると〈speaking〉

標準

on the other hand 他方では
 ● もう一方の〈the other〉手〈hand〉の上で〈on〉
 参考 on the one hand 一方では

発展

in practice ❶実際上は ↔ in theory 理論上は
 　　　　　　 ❷熟練して ↔ out of practice 練習不足で
 ● 実際〈practice〉において〈in〉

for one thing 〜 (for another …)
 一つには〜(もう一つには…), 一つの理由としては
 ● ある〈one〉こと〈thing〉のために〈for〉

　　会話で使う表現など

🦆 会話表現

How about 〜? =What about 〜?

❶〜(して)はどうですか =What do you say to 〜?
❷〜についてはどう思いますか
➡ 〜については〈about〉どんなふうに〈how〉

What do you say to 〜?

〜(して)はいかがですか =How about 〜?
➡ 〜に対して〈to〉あなたは〈you〉何と〈what〉言う〈say〉か

No problem. 何でもありませんよ, いいとも

➡ 問題〈problem〉は全くない〈no〉
例文 "Thank you so much." "No problem."
「ありがとうございます」「何でもありませんよ」

Remember me to 〜. 〜によろしく伝えてください

=Give my best regards to 〜., Say hello to 〜.
➡ 〜に対して〈to〉私のことを〈me〉思い起こせ〈remember〉

What's up (with you)?

やあどうしたんだ =What's the matter with you?
➡ 何が〈what〉起こっている〈is up〉のか

You're kidding!

冗談でしょう! まさか! =No kidding!
➡ あなたは〈you〉冗談を言っている〈are kidding〉

See you later! さようなら, それじゃまた

=See you (around)., So long., Good-bye.
➡ 後で〈later〉あなたに〈you〉会う〈see〉

Would you mind *doing*?

どうか〜していただけませんか
➡ 〜すること〈*doing*〉をあなたは〈you〉嫌がる〈mind〉でしょう〈would〉か
* 「してもよい」という場合は not や no で答えることに注意。

Take it easy. ❶心配するな，気楽にやりなさい
❷さようなら ＝Good-bye.

➔ それを〈it〉気楽に〈easy〉考えろ〈take〉

This is ～ speaking. ［電話で］こちらは～です

➔ こちらは〈this〉～が話しています〈is speaking〉

What has become of ～ ?

～はどうなったか ＝What (has) happened to ～ ?
➔ ～については〈of〉どう〈what〉なった〈has become〉か

You are welcome.

どういたしまして ＝Not at all., Don't mention it.
➔ あなたは〈you〉歓迎されている〈are welcome〉
参考 be welcome to ～ 自由に～を使ってよい

The pleasure is mine.

［お礼の言葉に対して］こちらこそ ＝That is my pleasure.
➔ その喜び〈the pleasure〉は私のもの〈mine〉です〈is〉

Let me see. ええと

➔ 私に〈me〉わから〈see〉せて〈let〉くれ
参考 (You) see? わかりましたか　I see. わかりました
　　you see ～ 知ってのとおり～

Why don't you *do* ? ～したらどうですか

➔ なぜ〈why〉あなたは〈you〉～しない〈don't〉のですか
例文 "Why don't you have some beer ?" "No, thanks."
　　「ビールいかがですか」「いえ，結構です」

So＋助動詞または be 動詞＋S ～もそうだ

➔ ～(主語)もそう〈so〉だ
参考 So＋S＋助動詞または be 動詞　その通りだ

You (can) bet (your life)!
もちろんだよ
❷ あなたは〈you〉命を賭ける〈bet〉こともできる
参考 I bet ~. きっと~だろう

Here you are. [物を手渡す際に]はいどうぞ =Here it is.
❷ ここに〈here〉あなた〈you〉の欲しい物がある〈are〉
参考 Here we are. さあ, 着いたよ

It can't be helped. それは仕方がない =I can't help it.
❷ それは〈It〉避けられない〈can't be helped〉

What a shame! ❶残念でしたね =What a pity!
❷なんてひどい話だ
❷ 何という〈what〉残念なこと〈a shame〉だ

Something is the matter with ~.
~がどこかぐあいが悪い =Something is wrong with ~.
❷ ~に関しては〈with〉何かが〈something〉問題〈the matter〉である〈is〉

So long. さようなら =See you (later)., Good-bye.
❷ そんなに〈so〉長く〈long〉なりました

Give ~ my (best) regards.
~によろしく言ってください
=Remember me to ~., Say hello to ~.
❷ ~に私の〈my〉あいさつ〈regards〉を与える〈give〉

(I) beg your pardon.
❶[上昇調で]もう一度おっしゃってください
❷[下降調で]ごめんなさい
❸[下降調で]失礼ですが
❷ 私は〈I〉あなたの〈your〉お許し〈pardon〉を乞う〈beg〉

You don't say so！ まさか，ご冗談でしょう

➋ あなたは〈You〉そんなこと〈so〉言わない〈don't say〉ね
参考 You can say that (again).＝You said it.
　まったくその通りだ。

Mind your own business.

よけいなお世話だ ＝None of your business.
➋ 自分の〈your own〉仕事〈business〉に気を配れ〈mind〉

How does that suit you？

ご都合はいかがでしょうか ＝Will it be convenient to you？
➋ それは〈that〉どんなふうに〈how〉あなたに〈you〉都合がよい〈suit〉か
参考 What time will suit you？ 何時がご都合いいですか。

That's it.

[自分の言いたいことを先を越されて言われたときなどに]まさにそれ
➋ それは〈That〉それ〈it〉だ〈is〉
参考 That's that. それでおしまいだ。

How come 〜？ 〜はどうしたことか，〜はどういう訳か

➋ 〜はどのように〈how〉生じる〈come〉か
例文 How come you didn't come to see me yesterday？
　昨日来てくれなかったのはどうして。

What if 〜？ ❶〜ならどうだろう ❷〜したってかまうものか

➋ もし〜なら〈if〉結果はどう〈what〉なるだろう
例文 ❶ What if I should fail？ 失敗したらどうなるだろう。

I dare say 多分

➋ 私が〈I〉思い切って〈dare〉言う〈say〉と

さくいん

00（太字）
：見出しになっている熟語

104